Le réveil de la France oubliée

Anthony Cortes

LE RÉVEIL DE LA FRANCE OUBLIÉE

Et si notre avenir était dans les villages ?

éditions du
ROCHER

Éditions du Rocher
28, rue Comte Félix Gastaldi
BP 521 – 98015 Monaco

www.editionsdurocher.fr

ISBN : 978-2-268-10509-3
EAN : 9782268105383

À Suzanne et Antoine.

« Le vrai idéalisme agissant,
c'est de créer du mieux dans son humble sphère,
en élargissant toujours plus le rayon d'action. »
Émile Guillaumin, *À tous vents sur la glèbe*

« Un jour je pense (et bientôt) qu'on devrait ériger
un monument fragile au Rêveur Inconnu. »
Richard Brautigan,
Pourquoi les poètes inconnus restent inconnus

Nos campagnes se meurent, se vident, s'enterrent. Ils sont les nouveaux territoires perdus de la République. On le dit, on l'entend : les commerces ferment, les services publics se raréfient, les âmes s'évaporent. La faute au désengagement de l'État comme à la chute d'industries qui ont tout de pères absents. Tout cela est vrai. Dans cette France périphérique, les perspectives d'évolution sont minces. Le mouvement des Gilets jaunes a d'ailleurs illustré parfaitement la lucidité de ces autochtones face à cette situation, mais aussi toute leur impuissance. La prospérité étant hors de portée, leur intégration au sein du projet national étant exclue, il ne restait plus qu'à faire du bruit, beaucoup de bruit. Pour quels résultats? Deux, trois mesurettes et, au mieux, une place dans quelques manuels, d'histoire ou de géographie. Retour à la case départ.

Plusieurs mois plus tard, en territoire rural, l'héritage de ce mouvement ne se résume qu'en quelques points. Mais ils sont majeurs. D'autant qu'ils s'ajoutent à l'émergence, dans son sillon, d'un volontarisme collectif pour sauver ce qui peut encore l'être dans ces terres, refusant toute posture victimaire. Jusqu'à relancer la machine dans chacune des zones rurales?

Tout n'est pas perdu. D'abord, parce que la campagne, malgré ses difficultés, conserve un fort pouvoir d'attraction. Pour 81 % des Français, selon un sondage réalisé par l'Ifop au mois d'octobre 2018, vivre à la campagne représentait la vie idéale. Et selon une enquête réalisée en mai 2019 par la fondation LanDestini, 57 % des urbains étaient prêts à quitter la ville pour un territoire rural. Depuis, le Covid et sa période de confinement sont passés par là, convainquant d'autant plus d'urbains de quitter la ville. À condition, bien sûr, de pouvoir s'y épanouir personnellement comme professionnellement. Et si ce jour était proche ?

Introduction
La faim

Les campagnes ne sont pas seulement ce qu'on en dit dans l'espace médiatique. Il y a d'un côté certains intellectuels ou journalistes urbains qui y voient un espace à conquérir pour délocaliser la ville et ses tares dans un espace plus sain. Et de l'autre ceux qui en parlent comme d'un espace préservé des maux de la modernité, y voyant un sanctuaire fantasmé où le cœur de la vieille France battrait encore. Dans ces postures, il y a beaucoup de faux, d'erreurs, mais aussi, il faut tout de même le reconnaître, une part de vérité à considérer. Il serait regrettable de dire que l'attrait d'urbains de plus en plus nombreux pour ces zones du territoire ne représente pas une chance pour ces espaces. Il serait tout aussi préjudiciable de ne pas souligner les valeurs et le savoir-faire tout à fait particulier qui vivent, de manières différentes, dans les campagnes de Creuse, d'Aveyron ou des Deux-Sèvres, et qui prolongent une grandeur passée écrasée par la mondialisation. Simplement, la ruralité est bien plus que cela.

Aujourd'hui, elle est surtout l'espace de tous les possibles. Des initiatives pour la relever, pour lui rendre sa fierté et faire briller ses particularités, il y en a depuis des décennies. Ponctuées de succès ou de cuisants échecs. Si ces territoires vivent encore, si des écoles sont préservées, on le doit à ses combattants, véritables résistants à la morosité et à l'abattement. Toutefois, à leur rencontre, on sent cette lassitude, cette tristesse face à ce terrible constat : « *Nous sommes seuls, trop seuls.* » La faute à une certaine part de résignation face à un individualisme rampant. Chacun dans son pavillon et Dieu pour presque tous. Au moins jusqu'à cette fin d'année 2018 et au désormais fameux mouvement des Gilets jaunes. Bien sûr, des émeutes ont éclaté et tous les manifestants n'étaient pas pourvus des meilleures intentions. Pour autant, l'élan créé par cette insurrection inédite des déclassés de la France périphérique a déjà provoqué un sursaut, au moins dans les esprits, bien au-delà du cercle des manifestants qui ont pris part aux différents « actes ». Subir et accepter le déclassement que constituent la disparition des services publics, la désindustrialisation de certains bassins, et la misère rampante, ne sont plus les seules options possibles. Après ce chaos, cet incontestable fracas qui a inondé les chaînes d'information en continu et dégradé bon nombre de quartiers, vient le temps de la constructivité, de l'élaboration d'un autre quotidien. Avec, donc, cette idée enfin intégrée : exister est une possibilité. De très longs mois après ce soulèvement et l'occupation d'un certain nombre de ronds-points, nous ne pouvons que constater l'héritage de ce mouvement.

La volonté de démocratie directe, de dialogue, de réflexion commune et citoyenne, portée par les Gilets jaunes, est toujours là. Elle s'est installée et a donné lieu à un certain nombre de bourgeons au cœur de la société. Dans quelques lieux, le plus souvent dans les villages, elle s'est muée en actes concrets. Plutôt que de fulminer, seul dans son coin, on s'engage, collectivement, on se retrouve et on construit. On se prépare même, parfois, à prendre une part de pouvoir, par nous-mêmes et pour nous-mêmes. Et alors qu'on ne croyait plus en la politique, on se résout finalement peu à peu à s'en saisir pour changer sa situation propre, mais surtout celle de son territoire, lieu de tous les abandons. Une chance de réveil pour les campagnes et cette France que beaucoup décrivent comme de « seconde zone ».

Ce mouvement d'autonomisation, qui séduit de plus en plus de citoyens, touche déjà depuis quelque temps les élus locaux, en particulier les maires de petites communes. Pour eux, ce n'est pas vraiment l'enthousiasme, le moteur de leur émancipation. Mais, au contraire, une extrême lassitude face à d'immenses blocages. Harassés par la baisse des moyens à leur disposition mais aussi par des textes qui leur retirent chaque année de plus en plus de compétences, comme par l'absence de vision des différents gouvernements pour leurs territoires ou par la lourdeur administrative, les voilà à la manœuvre, soudés, pour tenter de redorer le blason de campagnes oubliées, de villages vidés. Beaucoup n'ont qu'une envie : tout lâcher. Mais ils sont heureusement encore nombreux à vouloir tout tenter pour faire qu'à nouveau leurs terres reprennent vie. Seuls mais aussi collectivement. Jusqu'à penser un véritable travail de lobbying pour défendre leurs intérêts. Parce qu'un potentiel existe. Économique, social mais aussi écologique.

En parallèle, cette vie qui ne cesse de s'estomper dans les villages est retenue tant bien que mal par des acteurs locaux. Citoyens historiques comme néoruraux avec le soutien d'un tissu associatif fort. Par l'organisation d'événements, d'échanges, ou même de ponts numériques, quelques courageux tentent de souder une communauté, un bloc, un noyau, pour que le cœur de certains territoires continue de battre, même sous assistance, pour enfin espérer qu'un jour ils puissent se relever, comme autrefois. Cet espoir est-il permis ? La ruralité peut-elle même aller jusqu'à contester la suprématie des villes ? Éléments de réponse.

Un spectacle de désolation

Debout, un pied posé sur un monticule, un homme aux cheveux blancs, béret marron posé dessus, lance sa ligne. Face à lui, la Dordogne, qui coule entre les deux parties du village d'Argentat. Une aquarelle. Douce et placide. Agrippé à sa canne à pêche, Michel, retraité d'à peu près tout (d'abord électricien puis manœuvre sur des chantiers), est aspiré par ce moment de quiétude, le regard perdu au loin. Sa moustache, simple mais soignée, s'agite. « *Ça n'a pas toujours été aussi calme ici.* » Il se souvient, toujours sans me fixer, de ses années de jeunesse. Les bals, les grands banquets et l'espoir. Celui qu'avaient, comme lui, tous les jeunes du coin, au début des années 1960. « *Bosser, rester et manger* », glisse-t-il. Ponctuant le tout de : « *Eh ouais...* » prolongés. Son bourg, il le connaît plus que quiconque. Même sa grande histoire, qu'il n'a pourtant jamais vécue. Il est fier de nous apprendre qu'Argentat, au XVIIIe siècle, a brillé par sa batellerie. « *Par ici, circulait le bois en direction de Bordeaux.* » Et qu'au début du XXe siècle, l'exploitation de mines à charbon a nourri une bonne partie du bassin, son père compris. Son visage se fait grave au moment d'aborder la fuite d'une partie de la population en direction de la ville à partir des années 1960, urbanisation et industrialisation du pays obligent, pour user ses mains contre un salaire certain. Michel a toujours fait le choix de rester. D'où la tristesse que provoquent en lui ces volets clos, ces commerces désertés et le départ des plus jeunes, leurs années de lycée terminées. « *On a tout ici pour vivre*, assure-t-il. *De grands espaces, un cœur de village charmant, et des possibilités infinies… Mais ça fait peur.* »

Peur ? Il faut avouer que l'image de mouroir colle à la peau des campagnes. Si les espaces ruraux sont vus comme un havre de paix par l'opinion, toutes populations confondues, cette image prétendument méliorative sous-tend l'idée que nos campagnes seraient une sorte de maison de repos où le temps est arrêté. Un désert français[1] où il ferait bon s'éteindre, loin du tumulte urbain, seul lieu de vie. Au mieux, la ruralité, quand elle est perçue comme utile à l'ensemble de la société, est une réserve où la ville s'alimente en fonction de ses propres besoins. On vient piocher les fruits et légumes, du bois pour se chauffer, on y implante des éoliennes et on construit des barrages… Ou bien, on s'y replie en temps de grand danger, comme l'a montré l'exode des citadins au tout début du premier confinement lié à l'épidémie de coronavirus, début 2020. Mais, en temps normal, la règle est le dédain. Même la nomenclature longtemps employée par l'Institut national de la statistique économique (Insee) confirme cette mise à l'écart, désignant les municipalités rurales comme des « *communes isolées en dehors de pôles urbains* ». Comme si la ville était le centre du monde et les campagnes, une dimension parallèle. Qu'en est-il vraiment ?

1. Jean-François Gravier – *Paris et le désert français*, Flammarion, 1947.

En traversant les zones rurales, que l'on réduit bien souvent au « *vide* » mais qui couvrent tout de même les cinq sixièmes du territoire national, on y découvre une société qui fourmille. Même si, bien souvent, elle patauge. C'est dans cette composante de la « France périphérique » théorisée par Christophe Guilluy qui regroupe la majorité de la population française, que vit la France populaire. Car, comme le décrit Julian Mischi[2], directeur de recherche au Centre d'économie et de sociologie appliquées à l'agriculture et aux espaces ruraux, plus on s'éloigne du cœur des agglomérations, plus la part des ouvriers dans la population augmente. Si elle est de 14 % dans l'agglomération parisienne et de 22 % dans les autres métropoles, elle dépasse les 25 % dans le périurbain et… 30 % dans les espaces ruraux ! Dans ces territoires, les ouvriers forment ainsi le premier groupe d'actifs dans les campagnes, suivi par les employés (29 %), loin devant les agriculteurs (5 %). Cette part des ouvriers en ruralité est en croissante augmentation depuis de nombreuses années, d'où la constatation de Maëva Durand[3], doctorante en sociologie à l'Inra, faisant état d'une certaine « *prolétarisation* » des campagnes. Le prolétariat français n'est pas mort. Il vit loin, caché et ignoré, des lieux de pouvoirs économiques et culturels. Bref, dans les terres. Et il disparaît peu à peu des écrans. Jusqu'à ce sursaut, éphémère et brutal, du mouvement dit des « Gilets jaunes ».

---

2. Lucie Fougeron – « La France rurale et ses clivages de classe méconnus », [en ligne], humanite.fr, mai 2019.
3. Maëva Durand – « Les Classes populaires en milieu rural, synthèse et perspectives, » [en ligne], ausecommune-larevue.fr, mai/juin 2018.

En dehors de cet épisode, voilà la ruralité, depuis près de trois décennies, éclipsée dans l'actualité par les « quartiers » ou la « banlieue », selon le nom que chacun voudra donner à ces espaces, paysages de béton à quelques encablures de grandes villes où tous les services possibles sont à disposition. Les troubles qui ont pu agiter les cités n'y sont pas pour rien. Même si les premières émeutes dans ces quartiers datent des années 1970, la première vraiment couverte par les médias date de 1990, en banlieue parisienne, à Chanteloup-les-Vignes plus précisément. Elle lancera un mouvement encore en cours aujourd'hui, faisant de ce territoire celui de toutes les souffrances. Et pourtant, ces territoires, au contraire des campagnes, peuvent être des « *tremplins* ». Pour la densité des équipements dont ils jouissent, tel que démontré par le sociologue Dominique Lorrain[4], comme pour les opportunités d'emplois. Mais voilà, en France, désormais, lorsque l'on veut se pencher sur les difficultés sociales de sa population, on se tourne vers la banlieue. Les origines sociale, géographique et politique des journalistes n'y sont certainement pas pour rien. Majoritairement urbains, pour beaucoup d'Île-de-France, et plutôt de gauche. La défense de la ruralité étant, encore aujourd'hui, perçue comme un combat de droite. Pendant ce temps, l'« *archipel paysan* », comme le surnomment Bertrand Hervieu et Jean Viard[5], meurt. Il s'efface, on l'oublie.

---

4. Dominique Lorrain – « La Dérive des instruments : les indicateurs de la politique de la ville et l'action publique », *Revue française de science politique*, 2006.

5. Bertrand Hervieu et Jean Viard – *L'Archipel paysan, la fin de la république agricole*, 2011, Éditions de l'Aube.

Sur les terres de cette République du passé, la population semble parfois avoir accepté son sort. Comme si elle ne méritait pas mieux qu'un inéluctable déclin. Dans le département de la Marne, Annie, 78 ans, habitante de la toute petite commune de Vienne-le-Château (525 habitants) s'étonne d'ailleurs que l'on puisse se désoler de ce défaitisme : « *Il faut le dire, on n'est pas utiles au reste du pays. À part les agriculteurs, enfin ce qu'il en reste, on a rien à apporter dans cette marche en avant… On pourrait prêter nos mains à des usines ou à des exploitations agricoles mais c'est fini ce temps-là. Enfin, est-il déjà venu ? Vous savez, on est loin de tout. Ce n'est pas ici que ça se passe. On vit notre petite vie et puis voilà.* »

Il faut dire que les données brutes ne vont pas dans le sens de l'espoir. D'abord, c'est dans ces mêmes territoires que la population est la plus âgée. Dans la Nièvre, la Creuse ou le Lot, près de 15 % de la population a plus de 75 ans… Et dix-neuf autres départements ruraux, des Pyrénées-Orientales à l'Orne, suivent non loin avec un total de septuagénaires compris entre 12,5 et 13,9 % de la population. Des chiffres impressionnants qui s'expliquent facilement : les jeunes foutent le camp vers la ville ! Dans les bourgs, communes qui regroupent en moyenne 820 habitants, si l'on s'intéresse aux habitants âgés de 30 ans et moins, les départs sont supérieurs aux arrivées. Pourtant, entre 1999 et 2014, la population rurale a globalement plus augmenté que la population urbaine (+ 19 % contre + 11 % note l'Insee). Un paradoxe ? Pour comprendre ce phénomène, il faut s'intéresser aux grandes disparités qui existent au sein de l'espace rural. Plus on s'éloigne de l'urbain, plus cette croissance de population est faible. En effet, le dynamisme démographique du rural s'explique surtout par une forte augmentation de la population du rural périphérique, situé dans le pourtour des agglomérations. À l'inverse, la population ne croît que de 2,3 % dans le rural dit « des bourgs » et diminue même de 1,9 % dans le rural éloigné[6]. Ce sont ces zones qui se meurent dans l'indifférence générale et qui ont besoin de secours et d'assistance. Car ceux qui restent, eux, vivent dans des conditions particulièrement difficiles. Même si les habitants qui sont en âge de travailler sont peu touchés par le chômage (6,6 % de chômeurs), l'espace rural affiche tout de même un très fort taux de pauvreté. Prenons l'exemple de l'ancienne région Auvergne[7]. Selon l'Insee, les « *communes isolées hors influence des pôles* » connaissent un taux de pauvreté de 18,2 %. Le plus fort taux tous territoires confondus. Dans les grands pôles urbains, il est de 14,3 % et 8,8 % en banlieue. Précisément, même si les personnes en emploi connaissent de nombreuses difficultés notamment liées aux coûts qu'engendre le déplacement jusqu'au lieu de travail, on s'aperçoit que cette pauvreté touche, avant toute autre catégorie, les non-salariés. Ils sont trois sur dix à vivre sous le seuil de pauvreté. Les seniors sont particulièrement concernés avec, notamment, 19 % de taux de pauvreté chez les ménages dont le référent fiscal a plus de 74 ans. Dans cette population, les femmes sont les premières victimes de cette misère. Ayant moins cotisé, à cause des interruptions de carrière pour cause de grossesse notamment, ou du fait de leur position de compagne d'exploitant agricole, leur droit

6. Bruno Balouzat, Philippe Bertrand, Insee – « Du rural éloigné au rural proche des villes : cinq types de ruralité », février 2019.
7. Martine Cauwet, Insee – « Une pauvreté plus prégnante en milieu rural qu'en périphérie des grandes villes », juin 2015.

à une retraite digne est moindre… Sans oublier qu'à un âge avancé, elles vivent bien souvent seules.

À ces conditions de vie s'ajoutent d'autres carences. Parlons par exemple de la rareté des commerces. Selon diverses études menées dans différentes régions de France, les décennies 1980 et 1990 ont vu 25 à 30 % des petits commerces alimentaires disparaître des territoires ruraux[8]. Un phénomène qui se poursuit encore aujourd'hui et qui isole les populations, plus particulièrement les personnes en difficulté qui sont bien souvent celles qui sont également exclues de la mobilité automobile. Là aussi, le phénomène touche les territoires les plus éloignés des villes. Car les « *campagnes à proximité des villes* », pour reprendre la terminologie de l'Insee, représentent pour leur part un lieu d'implantation « *d'unités commerciales alimentaires* » extrêmement fort. Pour les territoires sans commerces, les dégâts sont de plusieurs types : économiques, sociaux mais aussi visuels. Dans leurs rues, les devantures de petits commerces fermés, parfois depuis plusieurs décennies, figent dans le temps tout un territoire ensommeillé. D'autant qu'avant celle des commerces, ces habitants ont assisté à la disparition des écoles, de services d'accès aux soins et des guichets de service public de proximité (La Poste, Pôle emploi, caisses de Sécurité sociale…), désormais concentrés dans les chefs-lieux de départements et dans les métropoles. Conséquence de plusieurs décennies de repli des services publics pour obtenir quelques petites économies budgétaires. Citons

8. Jean Soumagne – « Commerce et espaces fragiles », Cerac (Centre européen de recherche sur les activités commerciales et l'aménagement des cadres de vie), 2002.

notamment la Révision générale de politiques publiques (RGPP) en 2007, la Révision de l'administration territoriale de l'État (RéATE) en 2010, ou encore la Modernisation de l'action publique (MAP) en 2012. Rien de très grave en ces temps de dématérialisation des services publics ? Nous pourrions l'affirmer si cette désertion n'était pas combinée à l'absence de couverture numérique pour 15 % du territoire national qui ne bénéficie, à l'heure actuelle, toujours pas de la 4G, alors même que la question du déploiement de la 5G agite les médias. Plus grave encore, 30 % des habitants des communes de moins de 1 000 habitants ne disposent pas d'un débit de 3 Mbit/s[9]...

Un sombre tableau, certes. Reste qu'il n'est pas totalement irrécupérable. Pour obtenir ce sursaut tant espéré, il faudra d'abord réussir à attirer des âmes capables d'insuffler une énergie nouvelle. Si ces territoires sont peu denses en population, éloignés des services publics, des commerces, et faibles en opportunités d'emplois, comme nous l'avons vu, ils cachent un véritable potentiel. Certains élus l'ont compris et s'emploient à gravir cette pente particulièrement raide. Quelques locaux, amoureux du pays, regroupés en structures associatives, aussi. Et ils jouent avec un atout de choix : l'époque. Le Covid-19 a, là aussi, joué un rôle.

Jamais les actuels citadins n'ont eu une si grande envie de rejoindre des territoires plus reculés, de changer de mode de vie, de cadre... À tel point que le géographe

9. Patrick Roger – « Les Territoires ruraux confrontés à la raréfaction des services publics », [en ligne], lemonde.fr, octobre 2019.

américain Joel Kotkin voit « *l'âge de la dispersion* »[10] arriver. « *Sur tout le continent, les villes sont devenues les principaux foyers d'infection. La moitié de tous les cas de Covid-19 en Espagne, par exemple, sont survenus à Madrid, tandis que la région de Milan, avec sa population et son économie cosmopolites, représente la moitié de tous les cas en Italie et près des trois cinquièmes des décès. [...] Vivre dans la dispersion ne vous évitera peut-être pas la contagion, mais être loin des gens, conduire dans votre propre voiture et avoir des voisins que vous connaissez, [ont leurs] avantages dans des moments comme ceux-ci.* »

D'autant que les mutations actuelles du monde du travail, par l'apport des technologies du numérique, pourraient bien leur permettre de concilier cette envie avec leurs ambitions professionnelles. Sur toutes les bouches, ce mot qui rime avec évasion des villes : télétravail. « *Cela ne fonctionnera pas pour tout le monde*, estime le géographe. *Mais, grâce au Covid-19, son moment est peut-être arrivé. Même avant la pandémie, les avantages du travail à distance étaient évidents en termes de productivité, d'innovation et de baisse des coûts. Il semble être particulièrement attrayant pour les personnes âgées et les millén[n]ials instruits. Ces natifs du numérique ont déjà accepté l'idée qu'ils peuvent accomplir autant à la maison qu'au bureau. Comme me l'a dit un élève, "je ne vois pas l'intérêt de conduire une heure pour passer d'un écran d'ordinateur à un autre".* » Cette dispersion aurait plusieurs avantages, selon lui : accéder à la propriété pourrait devenir moins cher, l'espace de vie plus agréable et,

10. Joel Kotkin – « The Coming Age of Dispersion », [en ligne], joelkotkin.com, mars 2020.

enfin, cette transition pourrait nous amener à « *développer un nouveau modèle économique et social plus humain* » à long terme.

Il y a quelques raisons d'y croire. Jamais la société n'a été si consciente de la nécessité de ralentir la cadence, de favoriser les enjeux écologiques, de revenir à un modèle économique qui valoriserait le circuit court, donc les agriculteurs nationaux.

Et de longs mois après le mouvement des Gilets jaunes, jamais la ruralité n'a eu une telle envie de revanche.

Autant de chances de réveil pour les campagnes ?

De la naissance de la « France périphérique »

Depuis quelques années, cette appellation est sur toutes les lèvres : la « *France périphérique.* » Mais que désigne-t-elle ? Forgé par le géographe Christophe Guilluy dès 2004, ce concept englobe d'abord une large part de notre pays : petites villes, espaces périurbains et espaces ruraux. Et donc leur population qui représente 80 % des classes populaires. Ces deux mots réunissent surtout des oubliés, des écrasés. Derrière eux se cache la France des plans sociaux, des petits boulots, des aides sociales et des frais sans fin engendrés par l'éloignement et l'exclusion du reste de la cité. Dans cette France, on découvre une faune de catégories que l'on pourrait penser opposées : d'une part, jeunes actifs et retraités aux revenus modestes et, d'autre part, ouvriers, employés, petits paysans et indépendants aux revenus légèrement supérieurs. Tous se retrouvent dans un « *continuum socioculturel*[1] » de perdants de la mondialisation. Une défaite définie par une

1. Christophe Guilluy – *La France périphérique*, Flammarion, 2014.

baisse du niveau de vie et une disparition de toute capacité à peser sur les décisions politiques.

Avant la naissance du mouvement des Gilets jaunes, l'hypothèse de voir exister une conscience de classe parmi eux paraissait totalement délirante. Qu'auraient donc à partager un jeune diplômé en chaudronnerie en recherche d'emploi et un dirigeant d'une très petite entreprise ? Ou encore une retraitée aux faibles droits, compagne d'un exploitant agricole, et un ouvrier de la métallurgie ?

Autrefois, sur ces terres (au moins jusqu'au désenclavement des campagnes au Second Empire), existait une immense masse paysanne. Même si tous vivaient dans une même situation, il n'existait que peu de rapports sociaux entre eux de par l'absence de commerce mutuel. D'où la célèbre image de Karl Marx[2], comparant la population des champs à un sac de pommes de terre. Une masse amorphe, dispersée et individualiste. Bref, un immense fardeau pour quiconque espérait un soulèvement du peuple dans sa globalité. Les paysans sont-ils donc incapables de penser collectivement ? Une conclusion qui pourrait être débattue, notamment en prenant comme exemple l'élection de Napoléon III qui doit aux paysans (après avoir reçu les consignes des maîtres terriens et des curés) un vote antirouge, antirépublicain, et donc antiville en 1848... Le roman d'Émile Guillaumin, *La Vie d'un simple*[3], paru en 1904, en offre d'ailleurs une parfaite illustration avec cet échange entre cultivateurs, un dimanche, à la sortie de la messe : « *Mon maître a dit que si un républicain était nommé président, le blé ne se vendrait que*

2. Karl Marx – *Le Dix-Huit Brumaire de Louis Bonaparte*, 1852.
3. Émile Guillaumin – *La Vie d'un simple*, 1904.

vingt sous la mesure » ; « *Le mien de même. Les républicains veulent que ceux des villes aient le pain pour rien* » ; « *Ils feraient baisser la viande aussi, on peut en être sûr* » ; « *On ne pourrait plus vivre en travaillant ces terres…* »

Aujourd'hui, le jeu est tout autre. D'abord parce que, sur ces territoires, les bons vieux schémas n'ont plus de sens, notamment depuis la destruction de l'industrie française ou de la disparition des petites exploitations due à l'industrialisation de l'agriculture européenne et donc française. Ne parlez plus de classe ouvrière ou de classe paysanne. Dans la France périphérique, nous avons désormais, comme le décrit parfaitement Emmanuel Todd[4], une nouvelle et immense « *masse centrale atomisée* ». Dans cette catégorie, qu'il nomme « *majorité atomisée* », se retrouvent les agriculteurs, petits et grands, l'ensemble des professions intermédiaires (infirmières, enseignants, travailleurs sociaux…), les artisans, les employés qualifiés ou encore les petits commerçants. Une masse qui s'accroît sans cesse et s'étend, selon Todd, en s'agrégeant aux jeunes paupérisés de la petite bourgeoisie éduquée et aux strates supérieures du monde ouvrier. Un mouvement qui suit, en parallèle, la baisse de leur niveau de vie.

Ce n'est pas un secret, cette France a d'abord cultivé une conscience de classe par un vote en faveur du Front national (FN) puis du Rassemblement national (RN). En 2002, Jean-Marie Le Pen a enregistré des scores massifs dans ces territoires et donc parmi leur population qui lui ont permis d'accéder au second tour. Dans dix-huit départements, le président et fondateur du parti d'extrême droite a enregistré

4. Emmanuel Todd – *La Lutte des classes au XXIe siècle*, Éditions du Seuil, 2020.

des scores supérieurs à 21 % des voix. Citons quelques départements de l'arc méditerranéen, comme l'Hérault ou le Gard, et toute une bardée de territoires de l'Est (Ardennes, Moselle, Haute-Marne) et du nord (Oise, Aisne). Une dynamique qui se poursuit de nos jours. Lors des élections européennes de 2019, le parti de Marine Le Pen a confirmé son ancrage dans le Sud-Est et le Nord-Est avec des scores parfois au-delà de la barre des 40 %. Le tout couplé bien souvent à des taux d'abstention hors norme. Dans le département du Nord, 50,4 % des inscrits ne se sont pas déplacés pour voter, comme plus de 52,86 % en Moselle ou encore 48,03 % dans le Cher.

Des scores qui illustrent la rupture entre villes et campagnes. Mais aussi, et surtout, entre privilégiés, les citadins, et déshérités, les campagnards. Prenons l'exemple du département du Loiret. Ici, la seule place forte de La République en marche (LREM) est à trouver du côté de la métropole, Orléans. Le vote RN, lui, dévore tout le reste du territoire et s'étend peu à peu des zones rurales vers les petites aires urbaines. Exemple typique dans l'Indre, département le plus rural et le moins peuplé de la région Centre-Val de Loire, où seulement quelques miettes ont été laissées à la majorité présidentielle. Le RN ayant conquis assez largement les petites villes de Le Blanc (6 572 habitants) ou Issoudun (12 029 habitants).

Comment expliquer ce vote ? Les travaux d'Hervé Le Bras, démographe, directeur d'études à l'EHESS et chercheur émérite à l'Institut national d'études démographiques (Ined), sont particulièrement pertinents pour analyser les mécanismes de ce comportement électoral. Il a élaboré une carte de la « *France qui souffre* » mettant sur pied un « *indice d'inégalité* » prenant en compte plusieurs facteurs : taux de chômage, de pauvreté, de jeunes sans diplôme et de familles monoparentales. Sans surprise, les départements affichant les scores les plus inquiétants sont aussi ceux qui votent RN ou s'abstiennent de voter. « *Dans les zones éloignées du centre, les habitants se sentent oubliés et ont l'impression de ne pas pouvoir changer leur situation*, analyse-t-il[5]. *Dans les villes, même les plus pauvres peuvent espérer rencontrer une opportunité qui les tirera de la misère.* » Une observation que l'on peut étendre aux banlieues, confirmant ainsi leur statut de « territoire tremplin », au sens du journaliste canadien Doug Saunders[6] : un espace qui dispose de suffisamment de ressources pour constituer une étape dans des trajectoires d'individus et de groupes.

Seulement, les difficultés sociales ne peuvent expliquer à elles seules ce comportement électoral. Jérôme Fourquet, auteur de *L'Archipel français*[7], met lui en avant plusieurs autres raisons sur la base des résultats des élections européennes de 2014. Au sentiment d'abandon, d'isolement et de relégation, le directeur du département opinion de l'Ifop ajoute le manque de services et de commerces. Plus il y en a, moins le score frontiste est élevé.

Mais attention, tous les services ne sont pas égaux! L'absence d'un guichet en particulier a plus d'influence que tous les autres sur le vote, selon lui : celui de La Poste. « *L'incarnation concrète des services publics à la française,*

---

5. Hervé Le Bras – *Le Nouvel Ordre électoral : à l'âge du tripartisme*, Éditions du Seuil, 2016.
6. Doug Saunders – *Du village à la ville : comment les migrants changent le monde*, Éditions du Seuil, 2012.
7. Jérôme Fourquet – *L'Archipel français*, Éditions du Seuil, 2019.

ce n'est pas la gendarmerie, ni l'administration des impôts, mais la Poste. Elle se targue d'avoir un maillage comme nul autre pareil. Cela lui confère un rôle de symbole », explique-t-il. En clair, retirer un bureau de poste, c'est faire changer la commune et ses habitants de statut. C'est le symbole absolu du retrait et de l'abandon de l'État. « *La présence de la Poste est éminemment politique*, décrit-il[8]. *Elle confère un certain statut à la commune. Mais si on décide de la fermer, ce statut disparaît, classant la commune dans un désert rural, ou une cité de seconde zone.* » Un point qui expliquerait, au moins en partie, la faible influence du parti d'extrême droite en Bretagne, région disposant du plus faible taux de communes totalement dépourvues des services les plus basiques.

Dans le Pas-de-Calais, troisième département le plus pauvre de France, une ville souffre de l'ensemble de ces maux : Grenay. Cette ancienne cité minière de 6 932 habitants se réfugie par ailleurs derrière les mêmes réactions, tiraillée entre vote RN et abstention. Même si, depuis 1953, les communistes occupent la mairie, toutes les élections nationales couronnent le parti de Marine Le Pen comme grand gagnant depuis l'accession de François Hollande, en 2012, au palais de l'Élysée. Didier Creton, habitant de la commune et commerçant indépendant sur les marchés des villages alentour, est un électeur frontiste. Il l'affirme, le revendique, l'affiche. Mais n'allez pas chercher chez lui une once de racisme ou de xénophobie comme certains voudraient en voir pour mieux disqualifier sa parole, ses souffrances et ses revendications. S'il vote à l'extrême

8. Éric de Grandmaison – « Quand la Poste ferme, le FN engrange des voix », [en ligne], ouest-france.fr, mars 2016.

droite de l'échiquier politique, c'est pour d'autres raisons. Économiques, d'abord. Tel un refrain, appuyé sur son vieux camion blanc acheté en 2001, il le répète : « *On ne s'en sort plus.* » Lui, l'indépendant, « refourgueur » de sacs *made in China* à bas prix, croule sous les taxes, les pleins de carburant et le poids des études payées à des enfants qui restent tout de même au point mort. Mais aussi, et surtout, pour des motifs plus personnels. « *Eux, au moins, ils viennent nous voir sur les marchés. Et pas seulement pour les élections. Ils nous disent bonjour, ils nous écoutent... On existe et ce n'est pas rien. Moi, ça me fait du bien !* » Nous ? « *Ceux qui triment, qui résistent !* » Le parti de Marine Le Pen a bien compris qu'il pouvait compter sur ce public-là pour atteindre les sommets. Dans sa communication, le parti d'extrême droite fait vibrer d'ailleurs volontiers la corde des oubliés ruraux contre les privilégiés urbains pour attiser les colères et susciter un élan en son nom. Même si celui-ci passe par un vote de protestation plus que d'adhésion. En témoigne ce communiqué, daté de janvier 2018, où le RN souligne le soutien d'Emmanuel Macron au « *mondialisme libéral* » et son mépris de ses « *victimes* », « *agriculteurs et monde rural* ». Il indique : « *Le Front national propose la mise en place d'un "bouclier rural". Il constitue l'engagement d'atteindre l'objectif de garantir à chaque Français d'être à distance raisonnable d'une école, d'une gendarmerie, d'une gare et d'un centre de soins.* » Pour voir un programme chiffré, concret et prêt à l'emploi, il faudra attendre. Mais ce n'est pas vraiment ce qui motive cet électorat. Des mots, réconfortants, suffiront, pour le moment. D'ailleurs, Didier Creton insiste se muant en porte-parole d'une souffrance collective : « *Dans les coins comme le nôtre, on n'est plus rien. Il n'y a plus d'emplois, j'en ai la preuve à la maison avec mes enfants, et plus aucun service. Même la trésorerie locale s'apprête à fermer !* » Il s'interroge alors : « *Que va-t-on devenir, hein ? On est seuls... On attend que l'on s'éteigne, que l'on meure d'une mort lente ?* »

Plus qu'une véritable foi, il ne s'agit là que d'un vote refuge, un dernier appel avant l'implosion ou, dans le meilleur des cas, un sursaut. C'est tout le sujet de cet ouvrage. En effet, on ne peut encaisser tant de souffrances, d'insultes et de difficultés sans développer une force et une capacité extraordinaire de résilience. De cette France qui vit avec cette peur, « *non pas seulement des lendemains, mais aussi du présent* », pour reprendre les mots de Gérald Andrieu[9], naîtra un réel idéalisme agissant. Même si plutôt que de l'écouter, puis de l'entendre, « *on vous le répète pour que jamais vous n'en doutiez : cette France est rance* », comme le regrette ce dernier, c'est pourtant de son ventre que ce « *monde qui finit*[10] » trouvera les ressources pour redevenir.

Cette condamnation, ce verdict qu'évoque Gérald Andrieu, la population en question l'a largement intégrée. Que le message vienne des médias ou de la classe politique, leur invisibilisation et leur stigmatisation ont produit plusieurs effets. Un sentiment de colère et d'impuissance, traduit par un vote RN et/ou une abstention massive. Suivi, bien après, par la découverte, par le mouvement des Gilets jaunes, d'une conscience commune. « *Nous ne sommes pas si seuls dans cette galère en fait* », nous faisait remarquer un habitant de la commune de Marmagne, ouvrier agricole, dans le département du Cher, en visite

9. Gérald Andrieu – *Le Peuple de la frontière*, Éditions du Cerf, 2017.
10. Nicolas Mathieu – *Leurs enfants après eux*, Actes Sud, 2018.

du côté de Bourges pour participer à un rassemblement de Gilets jaunes le 12 janvier 2019. Face à lui, une immense masse jaune hurlant son dégoût pour le président des villes. Un déclic ? « *Tous ces gens ordinaires, des personnes issues des classes populaires, partagent un même sentiment : celui d'être relégué culturellement*, observe Christophe Guilluy dans une interview accordée au magazine *Marianne*[11]. *En ce sens, ce mouvement est une incarnation de la France périphérique. Sociologiquement, géographiquement, il marque la nouvelle frontière, celle qui sépare un nouveau "bloc populaire", celui des périphéries, à un nouveau "bloc bourgeois", celui des métropoles mondialisées. Ce mouvement pose une question existentielle à notre pays, et plus largement aux démocraties occidentales : quelle place pour les classes populaires dans un modèle globalisé marqué par la désindustrialisation des économies ?* » Certains sont bien décidés à répondre à cette question par leur action. Une « *autonomisation* », en somme, pour reprendre à nouveau les mots de Guilluy. « *Si elles n'ont pas encore conscience d'appartenir à un nouveau prolétariat, elles ont intégré que le modèle économique conduisait immanquablement à leur relégation culturelle et géographique, loin des territoires où se créent l'emploi et les richesses.* »

11. Emmanuel Lévy, Natacha Polony – « Tout a été fait pour effacer la dimension majoritaire des Gilets jaunes », [en ligne], marianne.net, novembre 2019.

Le réveil jaune

Mai 2018, tout commence par une pétition. Sur la plateforme Change.org, Priscillia Ludovsky publie un appel « *pour une baisse des prix des carburants à la pompe* ». Au total, plus de 1 280 000 personnes alignent leur signature aux côtés de celles d'inconnus pour s'opposer à cette nouvelle « *taxe carbone* ». Plus qu'une tentative de sauver un pouvoir d'achat en berne, il s'agit d'une question d'honneur pour ces « *enfants du vide*[1] » décrits par Raphaël Glucksmann, essayiste et désormais député européen. Terminé la passivité, leur manque d'engagement, leur prétendu individualisme... D'abord sur les réseaux sociaux, la contestation prend forme. Jusqu'à voir près de 300 000 personnes, selon les chiffres du ministère de l'Intérieur, se mobiliser pour « l'acte I » le 17 novembre. Dès lors, les ronds-points sont envahis, les parkings des grandes surfaces occupés, des camps de base de fortune se constituent. Les déclassés s'y retrouvent, goûtent à une socialisation perdue et, *in fine*, à la solidarité. La lutte des classes est réactivée. Toutefois, gare à l'idéalisation ! Le mouvement a aussi accouché de brebis galeuses, capables

1. Raphaël Glucksmann – *Les Enfants du vide. De l'impasse individualiste au réveil citoyen*, Allary Éditions, 2018.

uniquement de comploter, et d'enragés complètement étrangers à l'intérêt commun qui sont devenus des « *leaders* » par la grâce de médias à la peine en quête d'interlocuteurs attitrés. Simplement, une chose restera : cette capacité à relever la tête, à prendre la main de son voisin et à lever le poing. L'orgueil retrouvé.

Dans ce sursaut, on décèle tout ce que cela représente d'être français à travers les âges. Il y a d'abord la représentation de l'incroyable docilité de ce peuple, sa formidable patience, avant d'enfin oser sur le tard dire « *stop* », souligné par cette expression tant entendue dans leurs rassemblements : « *Trop c'est trop !* » Avec son sens aigu de la provocation, l'essayiste américain Mark Twain[2] décrivait mieux que personne, au XIXe siècle, cette capacité à encaisser les coups : « *Nous regardons le lapin comme un animal doux et craintif. Mais que représente cette douceur à côté de celle du Français ? Existe-t-il des lapins qui se laisseraient violenter, insulter et fouler au pied sans trêve ni relâche pendant mille ans et ne tenteraient jamais de mordre ?* »

Ce qui fait qu'un jour le Français, héritier de Montesquieu, Voltaire et Rousseau, se soulève et découvre son voisin comme un possible compagnon de lutte, c'est l'injustice. Quand, en fonction de sa classe et/ou de son emplacement géographique, la besogne se révèle gratuite, le dévouement vain et les dés pipés. Si ce mouvement n'est évidemment pas comparable à la révolution de 1789, les mots de l'historien Jules Michelet[3], grand spécialiste de la période, résonnent avec cette définition du caractère national : « *La Révolution*

2. Mark Twain – *Damnés Français, 1867.*

3. Jules Michelet – *Histoire de la Révolution française*, 1847.

n'est autre chose que la réaction tardive de la Justice contre le gouvernement de la faveur et la religion de la Grâce. » Le tout poussé par une « *conscience éveillée lentement au fil des siècles* » sous la « *pesanteur des maux* ».

Entre le mouvement récent des Gilets jaunes, porté par une large part d'ouvriers, d'employés et de chefs de petites structures incapables de s'en sortir financièrement malgré leurs efforts infinis ignorés par une classe politique hors sol, et la Révolution, déclenchée par la faim et la déconnexion de la noblesse et des représentants du clergé, des parallèles peuvent cependant être effectués. Les mots de Michelet sont, en ce sens, frappants : « *Ce mal, c'est que, du plus haut au plus bas, [cette société] est organisée pour produire de moins en moins et payer de plus en plus. Donnant après le sang, la moelle, et il n'y aura pas de fin, jusqu'à ce qu'ayant atteint le dernier souffle vital, au point de le perdre, les convulsions de l'agonie, la relèvent et remettent sur ses jambes ce corps faible et pâle.* » Et Michelet de s'interroger et de répondre, comme s'il nous parlait depuis le XIXe siècle : « *Faible ? Redevenu peut-être fort par la fureur !* » C'est toute l'utilité de ce mouvement pour les campagnes.

Gilet jaune de la première heure, Marine Charrette-Labadie, 24 ans, en témoigne : « *Ce mouvement, c'était comme se décider à exister.* » Elle n'a rien à voir avec une activiste, loin de là. Jamais cette serveuse d'un établissement de Brive (Corrèze) n'avait défendu de cause ou de parti, bien que se définissant comme « *plutôt de gauche* ». Jusqu'ici, elle se contentait simplement d'être à la hauteur de son quotidien, composé d'allers-retours entre son lieu d'habitation, le village de Voutezac (1 259 habitants), et son lieu de travail, à 25 kilomètres de là, avec son petit salaire, « *un simple Smic* », et ses frais, « *au moins 200 euros d'essence* » et un loyer qui dévore un quart de ses revenus.

Peu après la publication de la pétition par Priscillia Ludovsky, c'est elle qui crée la page Facebook des « GJ » de Corrèze. « *Il fallait bien que quelqu'un le fasse* », se souvient-elle. Et quelques semaines plus tard, la voilà même propulsée « *porte-parole* » nationale avec sept autres néo-activistes de la France entière. Un rôle qu'elle n'endosse que quelques jours, rapidement « *fatiguée* » par les insultes permanentes sur les réseaux sociaux. « *Je donnais tout mon temps au mouvement et à l'organisation d'événements simplement parce que je croyais en notre cause. La violence virtuelle de certains a fini de me convaincre de m'éloigner des responsabilités.* » Sans étiquette, sans responsabilité, mais toujours remplie de convictions, elle continuera à soutenir le mouvement dans les semaines qui ont suivi. « *Ce qu'on a construit, personne ne peut l'ignorer ou même le contester. C'était une grande communauté nationale. Tous ensemble, ce qui n'est pas rien, on hurlait notre droit à vivre dignement même si l'on est loin de Paris.* » Pour elle, habitante d'un village rural « *éloigné de tout* », c'était une « *respiration* », ce mouvement. « *On y croisait bon nombre d'habitants des villages alentour, le genre de villages où on s'étonne d'y découvrir de la vie. Tout de suite, on s'est dit qu'on pouvait faire quelque chose tous ensemble en se nourrissant de toutes nos forces, notre expérience, notre vision des choses... On ne savait pas vraiment quoi mais on était certains que l'avenir était à nous.* »

Comme d'autres, Marine n'entend pas gravir l'échelle sociale. Ses rêves n'ont rien de farfelu, d'osé. Sa seule attente est collective : que les citoyens se saisissent à nouveau de la chose publique, la politique, pour convertir les campagnes et ses villages en espaces où il ferait bon vivre, innover, avancer. Elle explique : « *Ici, quand on est jeune, c'est la mort. On s'ennuie, on a peu de relations sociales, peu d'opportunités professionnelles. La preuve, on doit prendre notre voiture pour un oui ou pour un non. Quand on va boire un pot, il faut ajouter au prix de la consommation celui de l'aller-retour en essence. D'où la colère de beaucoup d'entre nous lorsque nous avons appris qu'on allait nous rajouter une taxe et donc voir l'essence fortement augmenter.* » S'engager pour sa commune, son territoire ? Pourquoi pas, mais pas tout de suite. « *Je dois d'abord digérer cette expérience, on verra plus tard. Ce qui est sûr, c'est que l'engagement personnel dans un collectif produit des effets concrets sur nos vies. C'est une évidence que l'on n'avait pas en tête avant cet épisode.* » Une révélation.

Pour certains observateurs, le jaune a été la couleur de la fureur, d'une violence incontrôlée et injustifiée. Pour d'autres, elle a été celle de la réconciliation. Avec l'idée d'engagement, comme avec son prochain. Les revendications portées par ce mouvement, bien que très brouillonnes, méritent également le détour et traduisent une envie de démocratie directe et de local. À ce propos, les données les plus intéressantes sont à trouver du côté de la plateforme numérique du « Vrai débat » lancée par un collectif de Gilets jaunes de la France entière. Les chiffres sont impressionnants : 25 000 propositions y ont été déposées et près d'un million de votes enregistrés, émis par près de 44 000 inscrits sur le site dédié. Au-delà d'une volonté d'exemplarité des représentants du peuple, on observe la grande popularité de mesures qui placent le citoyen et l'action locale au centre. En première ligne vient le référendum d'initiative citoyenne (RIC) qui autoriserait l'interrogation directe du corps électoral à sa demande et sans que l'accord du gouvernement ou du Parlement soit nécessaire, que ce soit pour se prononcer sur une proposition de loi ou pour révoquer un élu, par exemple. Les votants exigent également la mise en place d'une assemblée citoyenne pour remplacer le Sénat, se prononcent en faveur d'une grande dose de démocratie participative à l'échelon municipal. Et, sur le plan économique, appellent de leurs vœux à en finir avec le libre-échange international pour faire le choix du circuit court et du soutien aux petites entreprises.

Le mouvement, affaibli par la répression policière et endormi par l'organisation du « Grand Débat national », n'a pu défendre ni installer ces propositions pourtant plébiscitées par les Français selon différentes études sur le sujet. Et la fameuse « consultation nationale », mise en place par Emmanuel Macron à partir du mois de janvier 2019, n'a pas davantage favorisé le débat sur ces questions-là malgré les annonces de l'exécutif en ce sens, indiquant que la « *démocratie et la citoyenneté* » seraient des sujets de réflexion majeurs tout comme la fiscalité, les dépenses publiques, l'organisation de l'État, les services publics, et la transition écologique. Il n'en a rien été. Pourtant, bon nombre de Gilets jaunes étaient prêts à collaborer, à s'inscrire dans cette volonté de débattre de façon constructive. Et ce dès les premiers jours du mouvement. En témoigne l'appel, publié dès le 1er décembre 2018 dans les colonnes du *Journal du dimanche,* à l'initiative d'un collectif dit des « Gilets jaunes libres ». Alors qu'éclatent les premiers heurts, entre manifestants et forces de l'ordre, ils écrivent : « *Nous demandons l'ouverture d'états généraux de la fiscalité; d'une conférence sociale nationale; d'assises territoires et mobilité qui prendront la forme de débats régionaux; l'organisation de référendums réguliers sur les grandes orientations sociales et sociétales du pays; l'adoption du scrutin proportionnel pour les élections législatives, afin que la population soit mieux représentée au Parlement.* » Et de proposer : « *Loin de toute radicalisation et en accord avec les 80 % de Français qui nous soutiennent, construisons un projet viable et crédible, dans l'intérêt de tous.* » Et si les enfants de ce mouvement, avides de démocratie et enfin sûrs de leurs capacités collectives, se tournaient vers le local pour obtenir la révolution, non pas au sens de révolte, mais de changements, qu'ils ont tant espérés au niveau national ? Et si ce mouvement profitait aux campagnes, elles-mêmes en attente de force et d'élan populaire ?

Ils pourraient en tout cas être tentés d'occuper un vide. Comme l'indiquent les sociologues Ivan Bruneau, Julian Mischi et Nicolas Renahy[4], dans cette France périphérique, « *le contraste est parfois saisissant entre cette tendance à l'affaiblissement des échanges politiques et les incitations à la mise en œuvre, dans des contextes urbains, de dispositifs de "démocratie participative"* ». À raison, ils signalent que « *le délitement des partis politiques, et notamment des organisations de gauche (PCF, PS, PRG), est encore plus accentué dans ces zones rurales* ». D'autant que, si dans ces terres « *les classes populaires peuvent encore s'appuyer sur des réseaux syndicaux, même fragilisés, elles ne disposent plus de relais proprement politiques* ».

4. Ivan Bruneau, Julian Mischi et Nicolas Renahy – « Les Gilets Jaunes en campagne. Une ruralité politique », [en ligne], aoc.media, décembre 2018.

Certaines figures du mouvement ont déjà entrepris d'occuper l'espace vacant et donc de transformer l'essai de la mobilisation jaune. Ingrid Levavasseur, par exemple, l'une des premières porte-parole des Gilets jaunes, s'est désormais éloignée des projecteurs parisiens pour s'engager chez elle, à Louviers, dans le département de l'Eure. Candidate sur la liste divers gauche, lors des élections municipales de 2020, menée par le haut-fonctionnaire Philippe Brun, elle a réussi à faire son entrée au conseil municipal de la ville malgré la défaite de son camp. Une démarche qu'elle décrit dans son livre *Rester digne* (Flammarion, 2019). « *Je pourrais tout arrêter et me concentrer sur mes proches et ma petite vie, mais ce serait briser tout l'espoir [...]. Je dois être à la hauteur de cet espoir, et transformer notre élan en quelque chose qui puisse concrètement changer la donne.* » C'est donc en toute cohérence qu'elle a lancé, en parallèle, une page Facebook « Plus que jamais » qui joue le rôle d'un think tank populaire et numérique, rassemblant près de deux mille personnes (Gilets jaunes engagés comme citoyens *lambda*), mais aussi une association « Racines positives ». « *Comme un rond-point virtuel* », dit-elle à propos de la première création, « *une plateforme sans autre modération que les arguments et l'intelligence collective.* » Pour quels résultats ? Elle avoue elle-même ne pas le savoir, mais ce n'est pas vraiment ce qui importe. « *Ce mouvement a provoqué un éveil des consciences. Il a permis à une population qui n'existait pas dans les médias ni les statistiques de se faire entendre, de se reconnaître en tant que communauté, de relever la tête. Nous avons contribué au changement des mentalités. Ce mouvement marquera en tout cas, j'en suis sûre, l'Histoire de France.* » Priscillia Ludovsky est du même avis : « *[Ce mouvement] est ce qu'il est et il a duré de manière inattendue et exceptionnelle. Il n'est pas mort. Il est pour moi éternel. Il est synonyme d'un éveil des consciences et d'une désobéissance civile qui font chemin de foyers en foyers, et ce pour une durée indéterminée.* » Le début d'une lente révolution du bas vers le haut, du local contre le global.

Une démocratie locale secouée

Le mouvement des Gilets jaunes a laissé derrière lui un héritage foisonnant. Il y a une confiance et une conscience de classe retrouvée, bien sûr, mais il y a par ailleurs une immense soif de démocratie. Pendant des mois, un peuple s'est réveillé, éduqué, politisé et a dessiné, presque malgré lui, les contours d'un système idéal, juste, protecteur… Mais aussi exemplaire, avec des élus irréprochables et révocables dans le cas contraire, puis participatif, avec un citoyen décideur. À lui le pouvoir de dépoussiérer la vie politique, la loi, voire même la Constitution. Cet idéal est resté un souhait et n'a pas vu le jour au niveau national. Pour autant, ces idées ont germé dans bon nombre d'esprits et connaissent aujourd'hui une traduction concrète au niveau local, dans les campagnes.

Cet éveil a un lieu de naissance bien précis : Commercy, petite commune de la Meuse d'un peu plus de 5 500 habitants. C'est ici que, deux mois après le premier acte, en janvier 2019, 75 délégations de Gilets jaunes se sont retrouvées pour imaginer le monde de demain, le leur. Un premier rendez-vous qui n'a, il faut bien le reconnaître, pas donné grand résultat en dehors de discussions animées, bien que constructives, dans le cadre de dizaine d'assemblées populaires. Cependant, en janvier 2020, soit un an plus tard, nouveau rendez-vous au même endroit, cette fois uniquement entre Commerciens inspirés par la pose de la première pierre jaune, avec des résultats hautement plus concrets. La « *commune des communes* », comme ils surnomment cette assemblée, accouche d'un projet, celui de « *penser un contre-pouvoir communal* », un soulèvement local.

Les ronds-points, véritables camps de base des Gilets jaunes pendant de longs mois, reposaient sur une règle simple : l'organisation horizontale. Chaque membre avait une place, une utilité, un rôle bien précis au service d'une communauté sans chef. C'est cette organisation que les Commerciens ont tenté de calquer dans un tout autre espace : la municipalité, et donc leur commune. De l'avis de nombreux participants interrogés, les débats ont été vifs, passionnés et passionnants. Du côté des intervenants, on trouve des citoyens *lambda*, beaucoup, mais aussi une bonne partie de militants en marge, anarchistes comme écologistes radicaux, souvent les moins capables de compromis, nous glisse un Commercien taquin. À l'issue, un appel[1] lyrique adressé aux autres territoires perdus et abandonnés : « *D'immenses aspirations à la transformation sociale, démocratique et écologique s'expriment. Et pour ne pas qu'elles soient balayées, nous devons les enraciner au niveau communal, dans nos villages, nos villes, nos quartiers, partout où nous sommes !* » Pour reprendre ce pouvoir, ces Gilets jaunes appellent à « *instaurer des assemblées citoyennes indépendantes des partis et prendre la commune pour instaurer une démocratie*

1. « Des Gilets jaunes appellent à créer des "assemblées communales populaires" en vue des municipales de 2020 », [en ligne], Bastamag, octobre 2019.

directe, rendre la totalité du pouvoir de décision aux habitants au sein d'assemblées communales, de RIC locaux, etc. Pour radicalement changer le système à la base, et transformer les conseillers municipaux en simples délégués au service des habitants ». La première étape d'une reconquête de ces zones du territoire, comme celle des outils démocratiques, est lancée.

Pour cela, les urnes sont un chemin, mais il en existe d'autres en attendant les victoires, expliquent-ils : ouvrir des « Maisons du peuple » où le débat pourra vivre entre citoyens, organiser – dans chaque village – ses propres systèmes d'approvisionnement, instaurer des « *assemblées populaires parallèles* » aux conseils municipaux pour faire pression sur les gouvernants locaux de manière constructive... « *Le chemin qui s'est ouvert depuis quelques mois n'est que le début du voyage : l'Histoire nous enseigne qu'il faut plusieurs années pour faire une révolution* », lit-on dans l'appel. Après l'agitation survoltée des rues par les Gilets jaunes, non sans dérapages, est venu le temps de la sagesse, de la patience, de la construction d'une société nouvelle plutôt que celui de se réfugier dans la seule confrontation. L'opposition systématique, vaine et stérile, a fait son temps pour laisser place à l'édification d'un lendemain.

Ce projet politique a un nom : le « municipalisme. » Bien que présenté comme révolutionnaire, il n'est pas apparu avec ce mouvement. Mais il s'est révélé à bon nombre de citoyens à cette occasion. Inspiré par la pensée de Murray Bookchin libertaire américain du XXe siècle, ce mot abrite un véritable projet de société dont l'objet est de permettre aux citoyens de se réapproprier leur « *existence* » en reprenant le pouvoir par eux-mêmes et pour eux-mêmes. Selon lui, le « *champ politique* » est « *réduit à peau de chagrin, séquestré par les partis dominants et inféodé aux grands groupes* », d'où l'urgence de « *remplacer l'État, l'urbanisation, la hiérarchie et le capitalisme par des institutions de démocratie directe et de coopération*[2] ». En clair, la commune doit devenir la seule « *cellule de la vie politique* ». Pour beaucoup de révoltés, Gilets jaunes ou soutiens, cette doctrine, cet idéal, résonne. Il gonfle les cœurs, les poumons et pousse dans le dos jusqu'aux plus timides. Subir, accepter certaines dominations, être réduit à protester… Ces injonctions auxquelles ils sont habitués depuis leurs premiers jours de citoyens pourtant éclairés, peuvent connaître une date de fin. Seule leur mobilisation commune pourra leur donner une chance de concrétiser cet objectif. Pour qu'enfin les collectivités deviennent la propriété du collectif.

Bien avant cette exaltation jaune, ce message a été porté et exécuté dans une autre commune que Commercy. Celle de Saillans, dans la Drôme, à partir de 2014. À l'époque, à la veille d'élections municipales, un groupe d'habitants, en réaction à un projet de construction de centre commercial lancé sans aucune concertation de la population, se décide à organiser une série de réunions publiques pour mobiliser la population vers une reconquête des terres qui devaient accueillir la grande surface. Avec un objectif secondaire qui se révélera sur le tard : la conquête de la mairie, bien sûr. « *Au peuple et par le peuple* ». Pour rassembler, le groupe se range derrière une formule séduisante : « *Pas de programme, pas de candidats, la liste, c'est vous !* » Les rendez-vous font

2. Gaspard d'Allens – « En France, le municipalisme libertaire trace son chemin », [en ligne], reporterre.net, février 2020.

le plein. L'agacement, les mécontentements et cette envie de renverser la table se transforment peu à peu en énergie positive. Nulle rage n'est à rechercher sur les visages. Il y a, au contraire, une certaine lumière. Même quand on croit n'être rien, « sans dents » ou sans pouvoir, l'intelligence collective peut tout.

La preuve : le succès d'affluence se doublera, quelque temps plus tard, d'un succès dans les urnes. Le 23 mars 2014, la liste citoyenne recueille près de 57 % des voix et boute hors de la mairie – et sans complexe – le maire divers droite sortant, François Pégon.

Dans les semaines qui suivent, la mairie est renommée « *maison commune* ». On y entre comme dans un moulin, les portes sont ouvertes à tous les habitants du village, baptisés « *cogestionnaires* » de Saillans. Par ailleurs, deux jeudis par mois, se tient un « *comité de pilotage public* ». Une réunion de travail ouverte à tous. Des « *groupes action-projet* » voient le jour pour débattre et faire émerger des envies précises sur différents sujets : politique sociale, économie d'énergie, circulation, urbanisme… De l'avis d'habitants interrogés, un vent de « *responsabilisation* » soufflait alors sur la commune. Malheureusement, ce charme a fini par s'étioler jusqu'à se briser. Les élus ont rapidement été éreintés par ce tunnel de réunions et de concertations. Et une bonne partie des habitants du village se sont peu à peu détournés de ce projet collectif, « *noyauté et confisqué par les nouveaux venus* », enrage-t-on parfois. Un historique de la commune, agriculteur à la retraite, précise même que « *deux camps se sont créés* », entre familles historiques et « *bobos conquérants* ». Comprendre : les néoruraux, arrivés en nombre ces deux dernières décennies. Résultat, en 2020, le laboratoire participatif mord la poussière et doit céder la mairie à l'opposition pour un écart de seulement 18 voix. Restent l'expérience, malléable, corrigeable et adaptable par qui voudra s'en inspirer, et ses leçons.

D'autant que ces six petites années, malgré les ratés, ont fait des émules. Durant ce laps de temps, les élus de la liste participative ont été contactés par des collectifs de 730 communes désireuses d'importer cette façon de fonctionner sur leurs terres. Et alors qu'en 2014 cette candidature faisait figure d'ovni, ce sont en 2020, profitant de l'élan jaune, près de 300 listes « *municipalistes* » inspirées du même courant qui ont tenté leur chance dans autant de communes lors des dernières élections municipales. Autour de Saillans, dans la Drôme, cinq listes de ce type ont émergé. Dont une, à Crest, qui a failli déboulonner l'ancien ministre Les Républicains (LR) et inamovible maire de la commune, Hervé Mariton, en poste depuis 1995, à 137 voix près... Le vent tourne, tout doucement.

On observe ici une sorte de retour de balancier. Après des années de mutation des sphères de décision, faisant sans cesse le choix du plus grand (métropoles, régions, État central, Union européenne) avec comme résultat d'éloigner les lieux de décision du citoyen, l'heure est désormais à un désir de proximité. Et si cet élan populaire se poursuit dans les années à venir, ce sont les actuels maires ruraux, élus pourtant les plus populaires auprès de la population du fait de leur accessibilité, qui pourraient être les premières victimes de cette évolution. Un symbole, mais aussi une injustice, alors qu'ils constatent au quotidien leur propre impuissance. En effet, ce sont ces mêmes élus municipaux qui s'estiment, ces dernières années, dépossédés de leurs attributions, de leurs financements et de leur pouvoir d'agir, notamment dans les territoires ruraux, en observant la délocalisation d'un certain nombre d'affaires locales, donc de compétences, du côté des intercommunalités dont le fonctionnement est peu lisible du point de vue des citoyens.

La période est aux grands bouleversements et elle fera certainement des victimes du côté d'une classe politique parfois vue comme installée par une population en rupture. C'est peut-être le prix à payer pour effacer cet « *épuisement physique et psychologique*[3] » des citoyens face à la chose publique, décrit par Quentin Deluermoz, maître de conférences à l'université Paris-XIII-Nord et spécialiste d'histoire sociale et culturelle des ordres et des désordres au XIXe siècle, « *qui est aussi la trace de notre épuisement démocratique* ». Une crise de société provoquée par le fait que « *les individus ne sont plus capables de s'appréhender comme membres d'une société* », comme le décrit le sociologue Pierre Rosanvallon[4]. Se sentir à nouveau comme partie intégrante d'un collectif passera-t-il par la conquête du pouvoir, municipal, puis départemental et régional, à long terme ?

Parmi les promoteurs les plus actifs du municipalisme, on trouve le collectif « La belle démocratie » dont l'acronyme rappellera de bien mauvais souvenirs aux Gilets jaunes : LBD. Dans son manifeste, rédigé en 2018, il se prononce en faveur d'une « *démocratie authentique* » pour « *en finir*

3. Jean-Baptiste de Montvalon – Interview de Quentin Deluermoz, « Le Mouvement des "Gilets jaunes" traduit un épuisement démocratique », *Le Monde*, décembre 2018.
4. Pierre Rosanvallon – *Le Peuple introuvable : histoire de la représentation démocratique en France*, Gallimard, 1998.

avec les pathologies les plus dangereuses de notre démocratie superficielle actuelle ». À savoir : « *Le clientélisme, la corruption, le carriérisme, l'insuffisance de participation, le sentiment d'impuissance, la défiance, l'abstention massive et la montée des extrémismes.* » Tous les maux qui reviennent régulièrement dans la bouche des habitants de communes rurales, exaspérés des vices d'une caste qui a pourtant la responsabilité de tenir la maison dans laquelle ils vivent.

LBD l'assure, pour mieux convaincre : « *C'est dans l'habitant que réside le pouvoir politique, l'élu n'est que son représentant.* » C'est pourquoi, pour aider le citoyen à prendre le pouvoir, au temps des élections municipales de 2020 mais aussi en prévision des élections régionales et départementales de 2021, il a mis en place, *via* son site Internet, une boîte à outils censée l'accompagner dans son chemin. Fiches pratiques pour « *créer une assemblée locale* », « *organiser un débat* », « *animer un groupe* », formations à la « *démocratie locale* », ressources bibliographiques, cours en ligne sur la « *gouvernance partagée* » ou affiches « *Municipalism is coming* »… Tout est gratuit et à la disposition de qui veut bien changer les choses en s'engageant dans la mise en place d'un « *collectif local* ».

En 2020, très peu de listes participatives ont cependant pu accéder aux responsabilités malgré les outils proposés et la prise de conscience de cette urgence à s'engager. Mais leur volonté de réinventer la démocratie se poursuit avec, depuis, l'organisation récurrente de nouvelles rencontres pour réunir ceux qui agissent pour « *transformer la démocratie dans leur commune* ». Le mouvement des Gilets jaunes a été un tremplin, une première marche. Et même si celui-ci s'est éteint, malgré quelques furtives mobilisations dans les rues, il se poursuit ailleurs, à bas bruit. Et les résultats pourraient être constatés dans plusieurs années.

En effet, même si les Gilets jaunes ont, dans un premier temps, « *illustré l'absolutisation de la vision dégagiste et spontanéiste du populisme* », comme le souligne Pierre Rosanvallon, « *débouchant sur une radicalité d'impuissance qui les enfermait dans une pure politique négative* », les mois suivants ont laissé percevoir des intentions bien plus constructives. Dans la lignée de leur « *affirmation utopique du pouvoir de l'horizontalité portée par les réseaux sociaux* », toujours selon l'auteur du Siècle du populisme. Et bien que ces mêmes réseaux soient les « *champions de l'antipolitique* », ces nouveaux militants ont tracé et tracent encore les prémices d'un possible bouleversement par les oubliés et pour les oubliés pour reconstruire l'idée de démocratie. Ce sont avant tout les zones rurales qui nécessitent ce bouleversement. Mais, pour cela, encore faut-il que les populations qui peuplent ces territoires soient capables de s'unir pour dessiner un projet commun. Les historiques devront s'ouvrir aux nouvelles formes d'engagement et orienter leurs espaces dans une certaine modernité. Et les néoruraux devront prendre en compte et respecter les spécificités des territoires épousés plutôt que de se comporter en conquérants. Au moins pour éviter ce que décrit Michel Lussault[5] comme une vérité déjà établie : que le territoire rural « *n'existe plus en tant que modalité spécifique d'organisation et de fonctionnement de la société* », « *ses valeurs, ses références sociales et culturelles* » étant de plus en plus « *étalonnées par le fait urbain* » de par l'arrivée

5. Michel Lussault – *L'Homme spatial : la construction sociale de l'espace humain*, Éditions du Seuil, 2007.

de néoruraux. Détruisant ainsi, par petites touches, une culture et une histoire. Reste que ce déclic démocratique, initié par le mouvement des Gilets jaunes, rejoint un sursaut largement entamé en amont, dans les terres. Les ingrédients d'un renouveau ?

Le temps de l'autogestion ?

Si la base de la population a soif de pouvoir et de démocratie directe, révoltée par un pouvoir central ou local bien souvent jugé « *déconnecté*[1] », il n'en reste pas moins que les élus locaux en place, particulièrement les maires, jettent toutes leurs forces dans la sauvegarde de leur parcelle et donc, indirectement, de la ruralité dans son ensemble. De véritables résistants. Malheureusement, il y a un constat qui vaut partout, mais d'autant plus dans ces zones du territoire : les maires sont fatigués, éreintés et, surtout, agacés. Les mots doux et chaleureux du chef de l'État, Emmanuel Macron, en novembre 2019, les désignant comme des « *piliers de la République* », n'ont rien changé à ce profond malaise. Dans la cohorte des mécontents de ces espaces relégués, on trouve donc désormais la population comme leurs maires, parfois opposés, et d'autres fois main dans la main, agacés de devoir tracter, avec leur seule force, dans un territoire ignoré voire méprisé. Ce n'est pas pour rien si, alors que les Français sont moins d'un sur trois à avoir une bonne image de leurs élus en général, les trouvant trop peu « *compétents* », « *honnêtes* » et « *proches* » d'eux, les maires sont les seuls à trouver grâce

1. Ifop – Sondage : les Français et leurs élus, [en ligne], ifop.com, août 2019.

à leurs yeux avec 80 % d'opinions positives. Les écrasés se retrouvent toujours. Mais ces derniers semblent bien moins combatifs, à l'heure actuelle, que beaucoup de leurs administrés.

La preuve avec une étude de l'Observatoire de la démocratie de proximité réalisée par l'Association des maires de France et le Cevipof (Centre de recherches politiques de Sciences-po). Selon ses conclusions, en 2020, 50 % des élus en place projetaient d'abandonner tout mandat électif. Une crise de vocation qui touche plus particulièrement les maires de petites communes. Ainsi, les maires des villages de moins de 500 habitants sont 55 % à vouloir jeter l'éponge, contre 28 % pour les maires des communes de 5 000 à 10 000 habitants et 9 % pour ceux des villes de plus de 30 000 habitants… Parmi les raisons de ce désespoir, après la volonté de vouloir se consacrer à sa vie familiale et l'impression d'avoir « *rempli son devoir civique* », viennent trois autres réponses symptomatiques : la crainte de ne pas être à la hauteur des « *exigences des administrés* », l'insuffisance des moyens financiers à la disposition des édiles pour mener à bien leurs objectifs et, enfin, le « *sentiment d'être inutile* ». Dans le détail, cette étude révèle également le poids des réformes successives visant à centraliser, de plus en plus, le pouvoir. La loi NOTRe (Nouvelle Organisation du territoriale de la République) est particulièrement visée. Votée en août 2015, elle transfère une partie des compétences des communes aux communautés de communes. Par exemple, les compétences en développement économique, promotion du tourisme ou celles concernant l'eau et l'assainissement sont passées du côté de l'intercommunalité. Un mouvement vécu par ces élus comme une « *perte d'autonomie* » et interprété comme les signaux d'une « *République décentralisée en panne* ». La nomination de Jean Castex à la tête du gouvernement, en juillet 2020, lui le Gersois d'origine à l'accent chantant et maire local de la commune de Prades dans les Pyrénées-Orientales, n'a d'ailleurs rien changé. Ni à cette impression de se battre seuls contre les éléments, ni aux conséquences de certains textes. S'il a été nommé pour son « *ancrage local* » mais aussi pour porter le fameux « *pacte girondin* » promis par Emmanuel Macron depuis le début de son quinquennat aux présidents de région pour davantage « *décentraliser la décision* », ces derniers sont unanimes : bien que l'on ait cru, dans un premier temps, à une volonté de se saisir de ces sujets, les actes concrets tardent à arriver. Comme en témoignent les propos de Carole Delga, présidente de la région Occitanie, région du locataire de Matignon, à *Libération*, en juillet 2020 : « *Voilà trois ans que le président de la République recentralise. Dès que nous prenons des initiatives, nous sommes entravés : à chaque fois, il faut demander des autorisations aux administrations centrales, à Bercy. Nous sommes sous tutelle : nous dépendons à 92 % des dotations, c'est-à-dire que nous pouvons perdre des recettes d'une année sur l'autre. En Occitanie, nous avons perdu par exemple 70 millions d'euros entre 2017 et 2018, alors que nous avons engagé des chantiers sur plusieurs années. Donc on demande que les dotations soient garanties, ce qui est du bon sens populaire. Car nous, nous sommes à portée d'engueulade. Pas l'État.* » Ce mal-être, Jean-Paul Dufrègne, député communiste de l'Allier et ex-maire de Saint-Menoux, commune de 1 045 habitants, le comprend. Mais plus que cette « *centralisation* », qu'il constate par ailleurs, celui-ci dénonce d'autres freins subis par les acteurs locaux.

« *Les différentes réformes successives de l'action publique, que ce soit la Révision générale de politiques publiques (RGPP) en 2007 ou la Modernisation de l'action publique (MAP) en 2012, qui avaient pour objectif de faire baisser les dépenses publiques, ont assommé les territoires ruraux en raréfiant les services publics sans que les élus ne puissent avoir leur mot à dire* », regrette-t-il. Selon lui, c'est cette obsession de l'économie qui a engendré ce sentiment d'abandon et de relégation dont souffrent les élus et les campagnes. Pour autant, il l'assure, rien n'est perdu. Et cette souffrance, ce sentiment d'inutilité, doit être combattue. D'abord, en agissant sur les derniers leviers sur lesquels peuvent agir les maires. « *Il nous faut, nous-mêmes, accompagner les entreprises, les créateurs, favoriser l'innovation, mettre en place les conditions d'une économie locale prospère où, par exemple dans les terres d'élevage comme la mienne, toutes les étapes de la production seraient réalisées chez nous* », énumère-t-il. Et de poursuivre : « *En clair, il faut s'interroger et organiser les conditions qui feront que nos territoires réussiront à capter une part de l'économie de demain. Et tout reste à inventer !* »

Surtout, plus largement, il estime que ces élus, plutôt que d'abandonner, ont le devoir de participer à « *construire un projet de société pour la ruralité* » sans attendre la vision et les ordres de Paris. « *Dans l'idéal, le gouvernement devrait s'entourer de personnes qui connaissent véritablement ces territoires et leurs problématiques. Par exemple en nommant un "référent ruralité" dans chaque ministère pour favoriser une interministérialité qui, aujourd'hui, manque cruellement comme l'a pointé la Cour des comptes dans un rapport en date du mois de mars 2019. Mais pour le moment, il n'en est rien. Alors, à nous de prendre en charge cette question. De réfléchir et dessiner les contours d'une société où les campagnes ne seraient pas à part mais centrales et essentielles au développement du pays tout entier.* » Une consigne qu'il s'applique à lui-même depuis quelque temps. C'est pourquoi, en janvier 2018, il a lancé, accompagné de Jean-Paul Mattei, député centriste des Pyrénées-Atlantiques, une mission parlementaire « *d'évaluation à l'accès aux services publics dans les territoires ruraux* » afin d'émettre quelques pistes d'actions. Leurs conclusions, rendues au mois d'octobre 2019, sont d'une grande richesse. Parmi les propositions, on trouve celles de « *figer l'emploi public sur ces territoires* », de créer des « *centres de santé communaux* », de développer la création de maisons France Service rassemblant plusieurs prestations de service public dans un même lieu... Pour que ces vœux se convertissent en réalité, encore faut-il qu'ils soient entendus par le pouvoir exécutif. Et, pour cela, il faudra mener un réel travail de lobbying. Le renouveau commence par se penser soi-même, par imaginer son propre avenir, celui de ces territoires déshérités par une puissance publique aveugle et sourde face à ses carences. Un premier pas vers l'autogestion ?

Dans cet objectif, un certain nombre d'élus ont créé un « Parlement rural ». Porté par une multitude d'associations de défense des campagnes, comme l'Association des maires ruraux de France ou Familles rurales, celui-ci réunit tous les acteurs engagés dans le développement de ces territoires (associations, chercheurs, étudiants, entreprises et élus) dans l'objectif d'« *interpeller les acteurs publics – parlementaires, élus locaux, administrations, ministères – sur la nécessaire prise en compte des enjeux liés à la ruralité dans l'élaboration des lois et des politiques publiques* ». Un véritable « *groupe de pression* », en somme.

À l'occasion de son inauguration, en juin 2019, le Parlement rural a déterminé ses intentions par une liste dont la longueur est à l'image des défis à relever : défendre le développement rural auprès des institutions européennes, résorber les zones blanches de téléphonie mobile, accélérer le recrutement et le déploiement de postes de médecins salariés dans les espaces sous-dotés, créer des zones de revitalisation commerciale dans les communes de moins de 3 500 habitants, développer l'accès à un socle de services universels à moins de 30 minutes de trajet, mettre en place un meilleur accueil des personnes âgées en milieu rural en revalorisant par exemple les métiers d'aide à domicile, lancer un fonds d'investissement pour l'innovation dédié aux territoires ruraux…

L'objectif n'est évidemment pas de déclarer la guerre aux décideurs pour sauver la face des campagnes. On peut cependant y voir une sorte d'appel désespéré dans le but de rattraper certains dégâts, causés notamment par « *le mouvement de métropolisation et de concentration* » et qui a conduit le pays vers « *une impasse inquiétante* », fragilisant « *l'équilibre de notre société* », selon Patrice Joly, sénateur PS de la Nièvre et président de l'Association nationale nouvelles ruralités (ANNR).

Par ailleurs, le Parlement rural entend surtout marquer à la culotte « *l'Agenda rural* » du gouvernement. Présenté en septembre 2019 par le Premier ministre de l'époque, Édouard Philippe, ce plan d'action ambitieux pour « *conforter la redynamisation des campagnes et soutenir les initiatives locales* » a été élaboré sur la base des 200 propositions de la mission « Ruralités » portée notamment par Daniel Labaronne, député d'Indre-et-Loire ou encore Cécile Gallien, maire de Vorey (Haute-Loire) et vice-présidente de l'Association des maires de France (AMF). Un rapport qui se voulait particulièrement offensif : « *Il est absolument indispensable de marquer une volonté politique forte d'inverser le regard sur les campagnes. Il faut construire une vision de long terme, qui porte une considération vis-à-vis des habitants des territoires ruraux. L'État doit affirmer la confiance et la reconnaissance qu'il porte dans tous les territoires de la République, y compris les plus isolés. Les jeunes, les personnes âgées, les entreprises, les associations, tous les ruraux doivent pouvoir se reconnaître dans ce nouveau discours porteur d'avenir et d'opportunités.* »

Si cet inédit groupe de pression et de réflexion se félicite de cette volonté affichée de l'exécutif, il se désole en revanche du trop faible nombre de propositions d'élus locaux retenues. Sur les 200, seules 50 ont survécu au temps, remplacées par d'autres, bien moins concrètes et que l'on pourrait résumer par une hausse de certains budgets, à l'initiative du gouvernement. Parmi les propositions disparues, on trouve quatre chantiers pourtant jugés « *prioritaires* » par ce Parlement. La création d'un fonds d'innovation territoriale issu du Programme d'investissement d'avenir (PIA), la garantie d'un accès à un socle de services universels à moins de 30 minutes de trajet, l'amélioration de l'accueil des personnes âgées à la campagne en revalorisant les métiers d'aide à domicile et, enfin, la relocalisation des services supports des administrations et des opérateurs publics en milieu rural.

Et pour le reste, plus d'une année après son lancement ? « *Le rythme n'y est pas,* estime Gérard Clavé, président de l'Association des maires ruraux des Hautes-Pyrénées. *Il est plus que temps d'accélérer les mesures de l'Agenda rural. Les habitants du monde rural ne peuvent plus attendre les calendes grecques pour voir émerger des solutions concrètes à leurs problèmes de la vie quotidienne.* » Dans ces conditions, dans cette attente et face à ce manque d'énergie, comment ne pas désespérer ? Des attentes pourtant simples et définies : « *Avant tout, il faut répondre au besoin d'un renforcement des services et de la capacité d'actions des acteurs ruraux, en particulier les maires : assouplissements des normes, hausse des moyens financiers, retour d'une ingénierie après l'affaiblissement organisé des services de l'État. Il convient de redonner aux communes les clés de leur destin et la capacité financière qui va avec.* » Pour enfin retrouver le pouvoir de repartir de l'avant. Mais avant l'autogestion, le temps est à la solitude, à l'attente et au désarroi. Encore. La nomination d'un secrétaire d'État chargé de la Ruralité en juillet 2020, pour accompagner l'« *homme des territoires* » à la tête du gouvernement, n'a pas donné de nouveau souffle. Pourtant, maire de la petite commune de L'Argentière-la-Bessée (Hautes-Alpes) de 1989 à 2017, Joël Giraud est un fin connaisseur des problématiques rurales. Son discours a d'ailleurs, dans un premier temps, rassuré les élus. Promouvant la transversalité ministérielle pour « *mettre un coin de ruralité dans les politiques nationales*[2] » voire pour lui donner la priorité sur certains dossiers, comme le déploiement de la 5G, son arrivée sur le devant de la scène a été porteuse d'espoir. Surtout après la crise du Covid et les envies de grand air

2. « Joël Giraud, secrétaire d'État chargé de la ruralité, en visite dans la Nièvre pour "établir un dialogue et faire remonter les préoccupations" », [en ligne], lejdc.fr, septembre 2020.

que le confinement a provoqué chez les citadins. « *La crise sanitaire a eu un mérite, c'est de provoquer un déclic favorable à la ruralité. Il faut l'entretenir et l'accompagner* », avait d'ailleurs promis Giraud à l'occasion d'une visite dans la Nièvre le 18 septembre 2020. Un mois auparavant, il avait promis : « *Sur un certain nombre de sujets, je vais secouer le cocotier*[3]. » Finalement, l'élu a déçu. Devenant simplement une caution, tentant difficilement de tordre dans la presse chaque mesurette du gouvernement pour la faire entrer dans le cadre rural. « *J'assume le fait d'être l'aiguillon de la ruralité au gouvernement et aussi celui qui assure le service "après-vote"* », a-t-il fait savoir en septembre 2020 au journal *La Provence*. Dommage qu'il ne soit rien de plus. Pour se relever, il semble que les villages ne puissent compter que sur leur seule énergie et leurs atouts propres. Maires et citoyens l'ont bien compris.

---

3. Julien Duffé – « Gouvernement : Joël Giraud, le secrétaire d'État qui veut "secouer le cocotier" », [en ligne], leparisien.fr, août 2020.

Un fort potentiel économique

Lorsque l'on parle des campagnes et de leur potentiel économique, on pense immédiatement à l'agriculture, nous renvoyant immédiatement au temps du Second Empire jusqu'au début de la IIIe République, période prospère pour les territoires nourriciers. En plus de s'ouvrir, par le développement du ferroviaire, la conjoncture économique était à l'époque particulièrement favorable au monde rural. En effet, le marché s'est alors rapidement élargi, les progrès techniques ont de plus immédiatement permis aux exploitants de répondre aux demandes croissantes et donc de s'enrichir. Enfin, les salaires des ouvriers locaux n'ont alors cessé d'augmenter de par la raréfaction d'une main-d'œuvre qualifiée… En clair : l'âge d'or.

Un élargissement du marché agricole qui se poursuivra, dès 1860, par l'action de Napoléon III désireux d'accélérer le progrès économique en confrontant la production française à la concurrence des pays voisins. Tant pis pour ceux qui, comme le marquis d'Andelarre, député de Haute-Saône, pensaient que la France devait « *être son marché à elle-même* » aidée par des « *droits protecteurs* ». Les traités de commerce s'enchaînent, avec la Grande-Bretagne, l'Italie, la Suisse, la Suède, les Pays-Bas, l'Espagne… Par ces accords, un certain nombre de produits voient leurs droits réduits pour favoriser l'exportation. Les résultats obtenus sont éloquents : entre 1860 et 1869, l'exportation des beurres et fromages triple, tout comme celle des bêtes d'élevage tandis que celle des œufs double. Les prémices du libre-échange. Dans le même temps, la viticulture atteint son apogée, tant en termes de production que d'écoulement de celle-ci. On pense cette période glorieuse éternelle. La réalité sera tout autre.

Ces temps exceptionnels connaîtront très vite quelques limites. Si certains producteurs se plaignent, dès ces premiers accords conclus, de leurs difficultés à s'adapter aux conditions nouvelles du secteur, leurs gémissements sont le plus souvent ignorés tant les revenus ont été décuplés. Jusqu'à ce que la concurrence, devenue internationale par l'amélioration du transport maritime, produise une contraction des prix, courant 1870, ouvrant la voie à une « *grande dépression* » de l'agriculture et à l'accélération de l'exode rural.

Bien que la réaction quasi immédiate des pouvoirs publics soit la mise en place de mesures protectionnistes, cela n'empêchera pas de voir la mondialisation à nouveau abîmer les territoires ruraux et leur poumon, l'agriculture. Au mitan du XXe siècle, le schéma se répète : en 1962, la Politique agricole commune (PAC) est mise en place. Conséquence : les agriculteurs français doivent augmenter leurs rendements pour conquérir les marchés européens, ouvrant l'ère du « *productivisme* ». Au même moment, les exploitations deviennent de plus en plus mécanisées. Ainsi, le coût de production baisse, entraînant les prix dans son mouvement, déjà en chute par les effets de la concurrence mondiale. Résultat ? Les petites exploitations disparaissent et les campagnes continuent de se vider, encore et encore. La seule réaction de l'État, comme celle de l'Union européenne, ne consiste qu'à prôner une accélération du libre-échange et l'ouverture toujours plus grande des marchés. Faisant sombrer un secteur déjà plus bas que terre. Aujourd'hui, nous en sommes précisément à ce stade.

Alors, dans ce contexte international et face à un pouvoir s'illustrant par un surprenant décalage vis-à-vis des réalités du terrain, comment relever la tête? La solution est peut-être dans le local, le circuit court, et, surtout, à en croire l'opinion dominante sur le terrain, « *la débrouille* ». L'exemple de Trémargat, village de 180 habitants en plein cœur des Côtes-d'Armor, le laisse croire.

Pourtant longtemps réputées « *incultivables* », les terres de ce bourg qui s'étalent sur 600 hectares le sont aujourd'hui par 16 exploitants agricoles. Dans les années 1970, une poignée d'agriculteurs néoruraux sont venus s'ancrer ici, attirés par le très faible coût d'installation. Malgré les avertissements des autochtones concernant une terre « *en pente* » et « *pleine de cailloux* », ils investissent les lieux avec une idée en tête : y développer une agriculture « *raisonnée* » et résolument « *antiproductiviste* ».

Cinquante ans après, ces irréductibles et leurs descendants continuent de résister à la marche du monde. Avec, à leur côté, la municipalité. En 2013, pour que ce mouvement se poursuive, la mairie initie une société civile immobilière (SCI) pour acquérir les terres inoccupées autour de la commune. Le but : faciliter l'installation de jeunes agriculteurs à moindres frais. Par ailleurs, elle investit également dans le rachat d'une friche industrielle où se trouvait une entreprise de transformation de chanvre pour y créer des pôles d'activités. Sur ces 8 000 m^2 de terrain, l'équipe municipale projette aujourd'hui d'installer une maison des semences paysannes, un atelier de transformation alimentaire, une brasserie et une fabrique d'objets en bois, entre autres. Bref, tout ce qui peut participer à la vie de la commune.

Quelques années plus tard, force est de constater que l'initiative de cette collectivité, bien qu'osée, a produit un certain nombre de résultats. En 2014, la SCI s'est portée acquéreuse de 21 hectares pour 65 200 euros afin de les louer à un couple de producteurs de lait et éleveurs de moutons. Une opération financée par un emprunt, remboursé par le versement des loyers, et la vente de parts à des particuliers financeurs. Rebelote en 2016, pour 11 hectares de terres destinés à l'installation d'un paysan boulanger et d'un couple de maraîchers venus dans le village pour lancer leur projet. Le tout financé en grande partie par un groupe de consommateurs de la région de Saint-Brieuc, séduit par l'initiative. Des résultats qui font parler bien au-delà de Trémargat, en témoignent les nombreuses sollicitations de citadins auprès de la mairie, espérant un jour participer à l'aventure. « *Si des citadins nous rejoignent dans cette démarche, c'est qu'ils ont compris que, pour avoir des produits de qualité, il faut aussi une campagne de qualité, des paysans qui vivent de leur travail, et des habitants pour animer la commune* », estime François Clément, l'un des trois gérants de la SCI. Toutefois, attention, la production n'est pas écoulée dans les villes, mais seulement dans le village, *via* l'épicerie dont les murs ont été, eux aussi, achetés par la municipalité, et dans les villages alentour, avant d'être confiés aux gérants contre un modeste loyer. À n'en pas douter, le réveil des campagnes devra beaucoup au volontarisme d'hommes et de femmes engagés et attachés à leurs terres.

Secouer son territoire, Jean Vogel l'a fait. Élu maire de Saâles en 1995, village du Bas-Rhin d'un peu plus de 800 habitants, il a rendu volontairement son tablier en 2020, à l'approche des élections municipales, après avoir redonné la vie à sa commune. Sa doctrine? Le long terme et l'antidogmatisme. Pendant vingt-cinq ans, il a réinventé sa bourgade en misant sur « *la qualité de vie* », « *le paysage* », « *le bien-manger* » et « *la solidarité* ». En clair, selon lui, tous les points forts de la ruralité. Entourée de forêts, qu'il voyait comme une clôture qui l'isolait toujours plus des énergies voisines, Saâles a vu, sous ses mandats, ces terrains devenir agricoles avec l'implantation de centaines d'arbres fruitiers. Des fruits que l'on retrouve désormais, avec les fromages du cru, en vente au marché des producteurs qui a pris place dans l'ancienne halle à côté de la mairie. Depuis son accession à la mairie, une laiterie s'est aussi installée à l'entrée du village tout comme une boulangerie bio. Une partie de la forêt s'est aussi muée en prairies pour dégager le paysage et rendre du soleil aux habitants. Un lieu de vie a par ailleurs vu le jour dans cette commune où ils se faisaient rares. Dans une ancienne grange rachetée par la municipalité, les habitants peuvent accéder à une bibliothèque, à un ordinateur connecté à Internet et même aux documents administratifs. Avec, bien sûr, la possibilité de prendre un café, et donc d'échanger en toute convivialité entre voisins. Sur la place du village, on trouve également plusieurs services : une maison des associations, une maison de services et de santé avec médecin, infirmiers, kinésithérapeutes ou ostéopathes… Enfin, une chaufferie à bois communale alimente neuf bâtiments communaux, cinq maisons et deux bâtiments d'habitat collectif pour faire de l'environnement forestier (Saâles disposant de 560 hectares de forêt communale) un atout dans sa quête de développement durable. De quoi rendre aux habitants de la commune une certaine fierté tout en espérant attirer de nouveaux venus, entrepreneurs comme salariés. Les chiffres jouent pour l'attractivité de la commune : Saâles, c'est un peu plus de 200 emplois pour exactement 820 habitants. Belle performance pour un village comme celui-ci dans le contexte actuel. Surtout quand on connaît l'absurdité administrative qui plombe bien souvent les meilleures volontés rurales, comme le déplore lui-même Jean Vogel[1] : « *Au fil des années, la partie administrative de ma fonction prenait de plus en plus de temps. Le moindre projet signifiait négociations, réunions, comptes rendus, rapports de présentation et de faisabilité, devis…* » Au micro de France Inter, il s'agace, notamment à l'évocation de ses mésaventures causées par les nouvelles taxations sur les parcelles déboisées et reboisées ou celles qui visent l'eau non consommée : « *Aujourd'hui, on demande aux territoires de s'adapter à la loi, la loi ne s'adapte pas à nous.* » Malgré tout, ici, la vie est revenue. Et ce n'est pas une petite victoire.

À Mazères-sur-Salat, en Haute-Garonne, on constate cette même volonté inatteignable de se battre pour la sauvegarde de son petit bout de terre. Mais ici, on imagine un avenir glorieux par un autre chemin que celui de la seule agriculture. Depuis quelques années, cette bourgade de 650 habitants semblait s'éteindre doucement. L'épicerie ?

1. Jean Vogel – *L'appel de Saâles*, La nuée bleue, 2019.

Fermée. La boulangerie ? De même. Restaient une pharmacie et une boucherie qui résistaient tant bien que mal. Et chez les villageois, un taux de chômage pharaonique. Il fallait faire quelque chose pour tirer le village de sa torpeur. Le maire, Claude Dougnac, 66 ans, ex-responsable fédéral de la CGT, a donc décidé de convertir le riche passé de la commune en avenir florissant. Depuis la fin du XIXe siècle, l'entreprise Riz-Lacroix, connue pour son papier à cigarettes Rizla+, occupait une immense usine où un millier d'ouvriers y travaillaient dans l'entre-deux-guerres. Jusqu'au déclin, puis sa fermeture, il y a vingt ans. Alors, pour un euro symbolique, la municipalité s'est décidée à racheter les bâtiments. Pour ramener une activité dans la commune, le maire a tout fait pour convaincre des entreprises de s'y installer pour un loyer dérisoire en échange de travaux de rénovation et, bien sûr, d'emplois pour le bassin. Un pari réussi : l'Américain 3M Purification, fabricant de filtres en papier purifiant les produits pharmaceutiques, s'engage en 2005. Et, si les plans de l'équipe municipale évoluent comme ils l'espèrent, une partie du bâtiment pourrait même être utilisée pour créer un espace de travail partagé, voire une salle de sport. De quoi insuffler une énergie nouvelle dont toute la commune pourra profiter. Mais sans oublier ses racines. Car ces nouveaux venus côtoient dans les mêmes murs le musée consacré à l'ancienne usine. Pour mieux conjuguer le « *bon vieux temps* » à celui qui vient.

Pour construire sur le potentiel, généralement oublié, de cette France périphérique, la recette est souvent à trouver dans une sorte de recyclage de l'ancien pour faire du neuf.

L'économiste Marie Ferru-Clément[2] montre d'ailleurs dans ses travaux comment certaines zones du territoire ont pu faire de leurs savoir-faire d'antan une activité nouvelle capable de faire renaître une force et une capacité d'innovation. « *Les territoires qui fonctionnent tentent de jouer avec leurs forces historiques pour les adapter au contexte moderne* », analyse-t-elle, citant notamment le cas du bassin industriel de Châtellerault qui a su transformer ses compétences pour l'armurerie et la coutellerie afin de devenir un moteur de l'équipement aéronautique et automobile. Pour preuve, il est aujourd'hui l'un des principaux bassins industriels du nord de la Nouvelle-Aquitaine. Toutefois, reste que les deux plus gros employeurs de la ville sont de très loin la mairie et le centre hospitalier. Les zones rurales sont plus que jamais dépendantes des emplois publics.

Pour changer cela, l'heure est à la coopération entre acteurs publics, privés et les citoyens. C'est d'ailleurs ce que soulignent les chercheurs Éric Grasset et Jean-François Mamdy[3]. Selon eux, aujourd'hui, la création d'activité, d'autant plus dans ce type d'espaces, repose sur trois piliers : le créateur d'activité et ses réseaux, bien sûr, les structures publiques et associatives qui doivent faire preuve d'une volonté à toute épreuve et enfin les territoires d'implantation et leurs éventuels atouts, autant pour le créateur que pour l'activité de l'entreprise elle-même. Afin que cette opération soit couronnée de succès, ce sont les élus locaux, les maires, qui ont sur leurs

2. Marie Ferru-Clément – « La Trajectoire cognitive des territoires : le cas du bassin industriel de Châtellerault », *Revue d'économie régionale et urbaine*, Armand Colin, 2009.

3. Éric Grasset et Jean-François Mamdy – « Création d'activités nouvelles et d'emplois, facteurs d'émergence et de gouvernance », [en ligne], psdr.fr, 2012.

épaules le plus de pression. Car ce sont eux qui doivent aller chercher, le plus souvent avec les dents comme nous l'avons vu dans le cas de Mazères-sur-Salat, les investisseurs et les convaincre des atouts de leur territoire. Le modèle jacobin a vécu. Bien sûr, Paris gouverne toujours et la hiérarchie est toujours aussi claire entre métropoles, villes moyennes et petites communes. Simplement, les « *territoires* », comme on les appelle bien souvent, prennent de plus en plus les devants pour définir leur propre « *aménagement territorial* » dans un esprit de « *vivre et travailler au pays* », comme le décrit d'ailleurs la journaliste Hélène Bustos[4] « *C'est la naissance du développement local, qu'on peut définir comme le développement d'un territoire par et pour ses habitants à travers la valorisation de ses ressources.* » Une débrouille que l'État central semble ne pas voir d'un mauvais œil car, en quelque sorte, cette débrouille permet aussi sa démission. Tant pis si cette débrouille est justement le fruit d'une abdication de longue date et de ses mauvais choix. Qu'importe, dans ces territoires, on préfère la mobilisation au découragement.

4. Vincent Grimault – *La Renaissance des campagnes*, Éditions du Seuil, 2020.

Mobilisation générale

Depuis plusieurs décennies, les campagnes connaissent une hémorragie constante de leur population. Si, en France, la population rurale constituait un peu plus de 38 % de la population totale en 1960, ce chiffre s'est peu à peu effrité jusqu'à être, en 2019, sous la barre des 20 %[1]. Cette réalité, pour certains locaux, ne doit pas être acceptée comme une fatalité. Alors, ils s'engagent, armés de quelques petites idées plus que de grands moyens, pour arrêter cette fuite en avant et retarder, au moins un peu, une mort que beaucoup jugent assurée pour leur petit pays.

C'est le cas de Jean-Pierre Buisson. À 73 ans, ce retraité de l'Éducation nationale a décidé de retrouver ses terres après toute une carrière très loin de celles-ci. Il explique, avec un brin d'émotion, son attachement à sa commune de 365 habitants, Sannat, située dans le département de la Creuse. C'est là qu'il est né. C'est aussi là qu'il a grandi. Son retour, il l'a décidé pour retrouver une quiétude personnelle et de vieilles connaissances, bien sûr, mais pas seulement. « *Ça me fait mal au cœur de voir les commerces et*

1. Population rurale (% de la population totale) – France, donnees.banquemondiale.org.

les différents services disparaître, il fallait faire quelque chose… S'engager! » Il y a peu, le café a fermé ses portes après le décès du gérant. La boulangerie, elle, a suivi le mouvement « *faute de bonnes affaires* ». Alors, avec un petit groupe de motivés comme lui, beaucoup de retraités et quelques jeunes, il s'est lancé dans la création d'une association pour « *assurer la pérennité des commerces* ». « *L'objectif, c'était de se lancer dans la création d'une offre multi-service qui regrouperait épicerie, pain et café et quelques services annexes (gaz, journaux…).* » En novembre 2019, l'association se crée. Puis elle met le grappin sur les locaux de l'ancienne boulangerie, avec l'aide bienvenue de la mairie. « *C'est elle qui a réalisé tous les investissements que nécessitaient les travaux, notamment pour la partie bar, ou l'achat de caisses, d'ordinateurs…* » Par ailleurs, la municipalité a également offert à l'association une année de loyer, d'électricité et de chauffage pour leur future boutique. « La petite coop » ouvre alors ses portes en mai 2020. Un nom choisi comme un clin d'œil aux « Coopérateurs du centre », structure créée à la fin du XIXe siècle par les agriculteurs locaux pour s'unir contre les « *intermédiaires cupides*[2] ». « *Coopération, travail collectif, solidarité, nous sommes animés par ces valeurs-là, c'était donc une évidence de reprendre le flambeau de cet immense et historique mouvement de coopération qui a marqué la région pour obtenir des résultats à notre petite échelle* », poursuit-il. Ses inspirations : le *drive* fermier de Guéret, dont le but est de rendre accessible à tous la consommation de produits fermiers du Limousin et de la Creuse, ou encore « *les alternatifs de Tarnac* », comme ils les

2. Charlotte Villatte – « L'Union des coopérateurs du centre », *L'Information géographique*, 1946.

appellent. Eux aussi, en 2007, ont lancé leur propre magasin général qui vit toujours et qu'ils voient comme un « *espace de vie et de consommation locale* ». D'abord locataires, ils ont depuis racheté leurs locaux par leur SCI nommée « Club communal » détenue et gérée par les associations associées au lieu.

Retour à Sannat, Jean-Pierre reprend : « *La promesse que l'on s'est faite, c'est d'en faire un vrai lieu de vie. Dans les espaces comme le nôtre, dans les petites communes rurales, les gens ont besoin de se rencontrer. Un certain mouvement social l'a bien montré. Auparavant, chez nous, aucun lieu ne le permettait. Le nôtre apporte cela. On peut venir faire ses courses, boire un café avec les voisins et repartir avec le journal. La coopération et une offre diversifiée comme celle-ci dans un village de notre taille, c'est la dernière solution qu'il nous reste.* » Le modèle de « La petite coop » est simple : pas de salariés, simplement des bénévoles, la plupart retraités, qui viennent donner de leur temps au magasin mais surtout, indirectement, à leur village. Les rentrées d'argent serviront simplement à s'approvisionner, majoritairement auprès de producteurs locaux et d'une supérette située à Mansat, à une dizaine de minutes de chez eux, et à répondre aux différents dépenses, présentes et à venir. « *Ça devrait être à la base de tout : travailler avec les autres, dans l'intérêt général et sans penser aux bénéfices.* » Avec un objectif : « *Retenir les gens qui voudront partir et, si possible, attirer de nouvelles familles.* » Il détaille : « *Ici, en dehors de notre coop, il ne reste qu'une école avec une classe de maternelle et une classe de primaire. Si on ne fait rien, c'est la mort assurée. Peut-être que notre initiative, ajoutée aux effets du Covid provoqueront un sursaut puis un afflux… Un nouveau départ. Avec des personnes et des valeurs du monde de demain.* »

Ailleurs, on observe d'autres propositions pour maintenir une offre de commerce comme les services ambulants. En Charente, les enfants du pays, Isabelle et Bertrand Pasquereau, par exemple, parcourent 80 kilomètres chaque jour à bord de leur épicerie mobile pour servir les coins les plus reculés autour de Rougnac, au sud d'Angoulême. « *Un acte militant.* » Autour de Saint-Didier (Jura), Pascal Grand tient une fromagerie sur roues du même type. Même chose pour le couple Weber, Serge et Thérèse, dont les trois camionnettes s'aventurent au travers de la Marne, de la Meuse et des Ardennes pour fournir aux habitants de communes déshéritées quelques vivres. Un commerce porteur, surtout depuis le mois de mars 2020. Depuis que le coronavirus a émergé, son activité a doublé. « *Les habitants s'aventurent moins dans les villes alentour pour éviter les risques de contamination*, croit savoir le gérant. *Nous enregistrons, depuis, chaque semaine de nouveaux clients qui sont parfois de nouvelles têtes.* » De bons résultats qui n'ont cependant pas dissuadé le couple d'octogénaires de passer la main à un amoureux du coin, un « *local* », lui aussi désireux de « *servir son territoire* ». Ici, faire tourner un commerce ne revient pas simplement à encaisser quelques billets. On fait vivre tout un bassin.

Dans ce but de ramener à la vie certains villages, les Auvergnats Christophe et Emmanuel Brochot, « *convaincus que les villages n'ont pas besoin de notre nostalgie mais de notre énergie* », ont lancé le mouvement citoyen et solidaire « Bouge ton coq ». Kézako ? Une « *plateforme de dons* » dont le but est de « *financer* » des initiatives d'intérêt général dans les villages en réunissant « *les citoyens, les pouvoirs publics et les entreprises* ». « *Pour nous le choix est clair : nous voulons accélérer le déploiement massif d'une économie sociale de proximité* », détaillent les cofondateurs de la structure. Le concept est simple : en sachant que 60 % des villages n'ont plus de commerces, soit 20 000 communes dans toute la France, Bouge ton coq se donne pour mission de « *porter à la connaissance du grand public* » (citoyens, collectivités, entreprises) certaines « *solutions concrètes* » encore en projet pour venir à bout de ce constat et, par leur intermédiaire, organiser, *via* les plateformes de financement participatif, des collectes de fonds pour permettre leur déploiement. Un chemin guidé par certains principes : « *La société se construit par le plus petit de ses maillons, le don est un outil de création de valeur économique, la richesse est affaire de partage et non d'accumulation, la rentabilité se mesure prioritairement en rapport au bien commun, et le citoyen doit participer à la production et à la gestion des ressources communes.* » Dernièrement, fin 2020, Bouge ton coq a réuni un collectif d'acteurs (de l'Association des maires ruraux de France à Monépi, réseau d'épiceries participatives) pour permettre l'ouverture de nouvelles épiceries « *citoyennes* » dans les villages grâce aux dons d'internautes. Début décembre, plus de 6 000 euros avaient été collectés en seulement quelques jours, permettant l'ouverture de trois épiceries. Et ce n'est qu'un début, veulent-ils croire. « *Une épicerie associative c'est un commerce qui change toutes les règles,* décrivent-ils. *Nous, on croit que c'est le commerce du futur. Un commerce sans charge et sans marge qui peut vivre des années entières grâce à un seul investissement de départ minime de 2 000 euros et représente un débouché commercial pour la production locale tout en contribuant à tisser le lien social.* »

Les commerces, c'est une chose, mais avec ce « *minimum* » que constitue l'implantation de commerces de ce type, une commune rurale ne peut espérer retenir ses habitants ou en attirer de nouveaux. Il faut, bien sûr, des guichets pour effectuer toutes ses démarches ou presque depuis son lieu d'habitation et, en ce sens, les maisons France Service et les maisons de services au public (créées, pour leur part, sous le gouvernement de Manuel Valls en 2014 et qui reposent sur les mêmes intentions) posent une rustine nécessaire bien qu'encore largement perfectible et leur édification ne tient qu'à la seule volonté de l'État. D'autres services publics, cependant, sont pour leur part véritablement pris à bras-le-corps et portés par certains citoyens, fatigués de voir le poison du vide s'installer. « *Le service public qui peut créer un élan s'il résiste ou tout faire s'écrouler dans le cas contraire, c'est l'école* », nous dit d'ailleurs Jean-Pierre. Chez lui, elle résiste. Ailleurs, c'est parfois plus compliqué.

Cette conclusion, d'autres l'ont tirée, ailleurs, avant lui. Par exemple Catherine Albert, maire de la petite commune de Cahus (204 habitants) dans le Lot. Maire, elle l'est toujours aujourd'hui, même si elle a bien failli jeter l'éponge. Ou plutôt l'écharpe. En 2018, l'inspecteur de l'Éducation nationale de Figeac lui téléphone pour lui apprendre une bien mauvaise nouvelle. Son école, dans laquelle étaient alors scolarisés 46 élèves (de Cahus mais aussi des communes voisines de Laval-de-Cère et Teyssieu) doit fermer à la rentrée 2019. C'est sans appel. « *Il estimait qu'avoir une école pour si peu d'habitants est une bêtise*, explique-t-elle. *Surtout, il voulait récupérer des postes dans les écoles rurales pour les déployer à Toulouse et Montauban…* » Pour les enfants de ce village de montagne, cette décision signifiait faire 45 minutes de bus pour rejoindre une école « *de la plaine* ». Mais, pour la maire, cela sonnait surtout comme un arrêt de mort. Pas le sien, mais celui de sa commune, quelques semaines après avoir vu le centre des finances le plus proche, à Bretenoux, à 10 kilomètres de là, fermer. « *C'est un coup fatal pour nous, commune isolée. C'était le dernier service public, celui qui retient un certain nombre de famille. Et on nous explique qu'il va falloir vivre sans. Mais sans école, les familles ne resteront pas, et d'autres ne nous rejoindront jamais.* » En colère, contre ces décisions arbitraires « *qui nous éloignent de tout* », et qui vident le village de toutes ses forces, l'élue a un temps annoncé se retirer et laisser le poste de maire à qui le voudra. « *Si l'État veut gérer ma commune à ma place, qu'il le fasse !* », s'emporte-t-elle encore. Autour d'elle, un certain nombre d'administrés l'ont poussée à ne pas lâcher, et à se mobiliser, encore, comme en 2016 pour exactement le même motif. Ensemble, ils se sont donc unis pour occuper l'école chaque nuit et faire parler d'eux dans la presse locale[3]. Avec succès. « *L'école a été sauvée, de nouveau, et de justesse,* rapporte-t-elle. *Mais pour combien de temps ? Un an, deux ? Nous avons de bons résultats, avec des enfants qui arrivent au collège avec un très bon niveau du fait des faibles effectifs et des très bonnes conditions d'apprentissage, mais on nous condamne éternellement à la sellette… On fait le choix de nous affaiblir plutôt que de nous laisser le temps de nous dynamiser. Des idées, nous n'en manquons pas. Mais nous manquons de confiance et de temps.* »

3. Jean-Marc Thanry-Cahus – « Quand parents et élus passent la nuit à l'école », [en ligne], ladepeche.fr.

Plutôt que d'attendre indéfiniment une bienveillance qui ne viendra pas, des collectifs de parents ont décidé, dans leur coin, de prendre les devants pour faire perdurer l'école de leur village. Les exemples sont de plus en plus nombreux. Comme à Quérigut, en plein cœur de l'Ariège, où la directrice et institutrice de la seule classe de l'école municipale est partie en congé maternité fin 2019 le temps d'une année. Sans elle, et sans aucun instituteur disponible, l'école était promise au sommeil. « *J'étais inquiète mais confiante quant au dénouement de la situation*, a-t-elle confié à *Marianne*[4]. *L'école ne pouvait pas fermer car cela aurait amené les enfants, qui ont entre 3 et 10 ans, à faire près de deux heures de route, tous les jours, pour aller en classe et revenir.* » Quérigut, c'est une toute petite commune. En son sein, 140 habitants seulement perchés à 1 100 mètres d'altitude. Pour rejoindre la ville la plus proche, Quillan (3 000 habitants), il faut rouler un bon moment, au moins une heure, sur des routes plus sinueuses les unes que les autres.

Pour l'éviter, les parents se sont réunis. Et deux mamans se sont dévouées pour prendre le relais temporairement. Éléa Delépine s'est donc muée, avec l'accord du rectorat, en agent territorial spécialisé des écoles maternelles (Atsem) et Élodie Lescalier, qui pensait justement à se reconvertir en professeure des écoles dans un futur proche et qui avait donc passé son diplôme récemment en Andorre, fera donc la classe. Ex-élève de l'école, Justine Roquelaure, la trentaine désormais, confie sa fierté : « *Sauver l'école, ça soude un*

4. Célia Cuordifede – « Quérigut, Ariège, 140 habitants : l'école sauvée par des mères d'élèves », [en ligne], marianne.net, août 2020.

village, ça le sauve aussi. » Après avoir tenté la vie parisienne, étant photographe de métier, celle-ci vient de « *revenir au pays* ». Comme pour profiter de cette énergie. « *Il se passe un truc.* »

Dans d'autres localités, certains parents sont même allés jusqu'à lancer une cagnotte pour reprendre l'école, même si cela passe par transformer l'école publique en établissement privé. C'est notamment le cas à Roufilhac (Lot) ou encore à Préchac-sur-Adour (Gers) où l'école municipale a dû fermer définitivement ses portes mi-2018. Les locaux ont donc été repris par l'association de riverains « Tout Naturellement », à la location, et une école hors contrat « *d'inspiration démocratique* », nous dit-on, a vu le jour sur les cendres de l'école républicaine. Une enseignante a pu être recrutée grâce aux fonds récoltés. À Molières, dans le nord du Lot, les parents se sont également organisés pour reprendre l'école à la rentrée 2017. Première étape : créer une association et convaincre le maximum d'habitants de « *mettre au pot* ». Par ailleurs, un certain nombre d'événements sont organisés pour récolter un peu d'argent. « *Chaque année, le budget de fonctionnement s'élève à 25 000 euros* », indique-t-on du côté de l'association. Un succès, se félicitent les locaux croisés sur place. Pour le moment, seule une dizaine d'élèves fréquente l'établissement. « *Un début,* explique Joël, retraité. *Ça maintient un peu de vie et ça crée un peu de passage à l'épicerie.* » Là aussi, l'école publique est remplacée par une structure hors contrat. Si les villages retrouvent une cohésion dans cet objectif commun de reconstruire leurs écoles, la République, elle, enregistre une défaite considérable.

Enfin, le dernier point indispensable pour quiconque voudrait s'installer dans les campagnes est l'offre de santé. Tristement, la situation est pour le moins critique actuellement. « *Cela fait des années que nos concitoyens renoncent aux actes médicaux*, rappelle Cédric Szabo, directeur de l'Association des maires ruraux de France. *Tout ce qui peut être de nature à compenser cela doit être envisagé, accéléré.* » Pour l'heure, le gouvernement mise sur le développement des services de téléconsultation. Notamment en mettant en place, le plus souvent en mairie, des cabines où les locaux peuvent consulter un médecin *via* une webcam. Maigre lot de consolation. Si ce palliatif fait l'affaire pour des consultations de suivi, elle ne remplit pas le rôle préventif, mais aussi social, que joue la visite d'un médecin à domicile ou en cabinet. Bien sûr, dans certaines communes, des maisons de santé se mettent en place pour répondre aux besoins de tout un canton. Mais elles constituent bien souvent un gouffre financier pour les collectivités, malgré les différentes aides qu'elles peuvent recevoir. « *Ce n'est pas un système très sain,* dénonce Isabelle Dugelet, maire de La Gresle (Loire). *Ces maisons de santé ont installé une concurrence entre tous les territoires. En plus du coût d'installation de ces maisons, nous devons encore mettre la main au portefeuille. Pour qu'ils s'installent ici, en sachant qu'ils sont très peu à venir s'isoler chez nous, il faut leur offrir des loyers, des primes, du matériel... C'est sans fin.* » C'est pourquoi, en attendant qu'un gouvernement se risque à toucher à la liberté d'installation des praticiens pour réduire cette inégalité territoriale, certains services se sont mis en place pour colmater ces lourdes absences. Dans l'Aude, un bus paramédical fait escale dans les villages les moins bien desservis. Ce véhicule de consultation mobile, loué par une entreprise privée aux professionnels paramédicaux qui le souhaitent, s'arrête à la demande des municipalités. Celles-ci doivent s'acquitter d'un forfait, pour garantir des prix planchers malgré les frais engendrés, et définir ensuite un ou plusieurs jours de passage. Pour le moment, une ostéopathe, un opticien et une diététicienne participent au projet. Mais cette aventure est vouée à s'ouvrir à d'autres praticiens, nous dit-on, mais uniquement « *des professions paramédicales* ». En effet, l'exercice de la médecine ambulante – appelée « médecine foraine » – est interdit en France à moins d'obtenir une dérogation accordée par le conseil départemental de l'ordre des médecins si la demande est jugée « *dans l'intérêt de la santé publique* ». Une dérogation, c'est ce qui a permis à un autre camion de ce type de voir le jour, cette fois dans le Rhône, autour de Givors, en banlieue lyonnaise, et des villages alentour, pour répondre aux attentes des habitants sans médecin traitant. Cette fois, il s'agit bien d'un cabinet médical sur roues avec table d'examen, échographe, matériel d'examen ophtalmologique, et j'en passe… Un véhicule médical présenté comme une extension du centre de santé récemment ouvert dans cette commune et que l'on doit à Alain Sitbon, président de la société Dok'ici et du député La République en marche (LREM), Jean-Louis Touraine. Auprès du site spécialisé dans la santé Egora.fr, quelques semaines avant le lancement de cette initiative innovante, celui-ci détaille : « *Les rendez-vous seront pris auprès du centre de santé, qui assurera le suivi des patients, notamment des patients âgés qui ne peuvent plus se déplacer. Le lundi à tel endroit, le mardi à tel autre, etc., dans un rayon de 30 kilomètres aux alentours.* » Des règles qui régissent également le « Médicobus », dont le camion a été fourni par la même société, lancé au mois d'octobre 2020 dans l'Orne par la Communauté professionnelle territoriale de santé (CPTS) Orne-Est. Cette fois, douze médecins libéraux et retraités se relaient pour assurer les consultations. Avec des jours de passage bien précis. Jugez plutôt : le lundi au Theil-sur-Huisne, le mardi à Bazoches-sur-Hoëne, le mercredi à Vimoutiers, le jeudi à Tourouvre et le vendredi à Saint-Germain-de-la-Coudre. Pour consulter, les intéressés ne peuvent se présenter à l'improviste. Le patient doit s'adresser à un professionnel de santé (cabinet médical, pôle santé, pharmacie, infirmière, service des urgences ou centre 15) qui contacte une cellule chargée de la coordination des soins non programmés qui traite de son côté la demande et fixe un rendez-vous lors duquel le patient pourra être pris en charge par un médecin dans le fameux camion. Gadget ? Pas vraiment. Dans l'est du département de l'Orne, 10 000 personnes sur 90 000 sont dépourvues de médecin traitant.

« *La seule solution, c'est d'obliger les médecins à venir dans les zones où on en manque, on n'y coupera pas,* avertit Dominique Dhumeaux, maire de Fercé-sur-Sarthe. *Il y a de belles initiatives personnelles et, bien souvent, elles font avancer des territoires entiers. Mais sur ce sujet, il nous faut affronter ce tabou et les réticences de la profession pour nous permettre de faire un immense bond en avant.* » C'est une question d'intérêt général. Mais, avant d'en arriver là, reste un certain nombre de points à solutionner. Car, pour pousser les jeunes médecins à venir, encore faut-il qu'ils connaissent ces territoires. Or, beaucoup de départements ruraux ne possèdent pas de centres hospitaliers universitaires (CHU) où les futurs médecins suivant leurs études effectuent leur internat avant de se lancer. Comment, dans ces conditions, espérer les attirer dans des coins qu'ils n'ont jamais fréquentés et dont ils ignorent tout ? En attendant, restent ces petites initiatives qui rendent un peu plus de dignité aux ruraux. Et une certaine attache, bien que fragile, au reste de la société.

Ranimer un lien social fragilisé

Le vivre-ensemble n'est plus qu'une formule creuse. Elle l'est devenue à force de slogans et d'incantations politiques décorrélés des réalités. Qu'elle provienne de représentants nationaux ou de listes municipales, cette maxime désincarnée n'a plus qu'un seul pouvoir. Celui de mettre en rogne le plus calme des citoyens ! On le voit chaque jour, dans nos rues ou à la une de l'actualité, notre communauté nationale n'est plus qu'un ensemble d'individualités et rien n'est fait, par les gouvernements successifs, pour ajouter du liant entre les différentes parties de cet ensemble très composite. Christophe Guilluy présente parfaitement cet état de fait qu'il nomme le « *vivre-ensemble séparé*[1] ». Les villages ne sont pas épargnés. Selon le géographe, les petites communes, en particulier celles qui offrent le plus de cachet, sont de plus en plus conquises par une nouvelle bourgeoisie. Une nouvelle classe constituée « *essentiellement* », selon lui, par des salariés de secteurs les plus actifs de « *l'économie-monde* ». Jusqu'à constituer un autre « *séparatisme* », pour reprendre un mot

1. Christophe Guilluy – *Fractures françaises*, Flammarion, 2019.

cher au président de la République, Emmanuel Macron, qui ne passerait donc plus uniquement par les quartiers chics des métropoles mais par les campagnes les plus charmantes. Parmi les zones les plus prisées, à en croire l'étude géographique des plus hauts revenus, on trouve les régions de Toulouse, Grenoble, d'Annecy, de Montpellier, Lille ou Dijon, par exemple, qui permettent de se percher sur un rocher tranquille tout en bénéficiant d'une économie active, à seulement quelques dizaines de kilomètres de chez eux, et d'un marché du travail très qualifié. Notons que, pour Christophe Guilluy, une installation dans les villages permet aussi d'éviter la mixité propre aux grandes villes et donc un autre « *vivre-ensemble* ».

Ce qui est certain, c'est que cette façon de se choisir un dortoir charmant, même si elle semble insuffler un soupçon de vie dans des coins isolés, n'aide pas totalement ces communes. Pour vraiment parler d'un souffle de vie nouveau, encore faut-il que ces derniers venus s'investissent dans une vie collective. Qu'ils prennent leur part, qu'ils s'intègrent dans le noyau du village pour le relever, le porter, le pousser. La ruralité est une aventure commune. Quand on vient d'une société urbaine qui privilégie le bien-être individuel à l'intérêt collectif, ou bien la revendication des moindres différences plutôt que ce qui pourrait rassembler, s'inscrire dans cette dynamique peut se révéler particulièrement rude.

Autant le dire tout de go, pour les municipalités comme pour ses acteurs (associations ou simples citoyens), ce n'est pas chose aisée que de pousser cette classe nouvelle à s'inscrire dans la vie de la commune. D'abord parce qu'il existe bien souvent un immense écart social entre les nouveaux venus et une bonne partie des autochtones. Et, donc, que la tentation est grande, chez les premiers, de se retrancher dans leur résidence ultrasécurisée pour vivre leur vie de leur côté, en s'extasiant dans un plaisir solitaire du calme qu'offre la campagne, plutôt que de partager leur temps avec leurs voisins plus ou moins éloignés. Un comportement particulièrement dur, voire violent, vis-à-vis de l'autochtone. En effet, pour les historiques de ces terres, l'enracinement est une des plus grandes richesses. Et, bien souvent, elle est même le principal liant social entre eux-mêmes et ceux qu'ils peuvent être amenés à côtoyer. On peut ainsi dire que l'attitude de ces voisins peu collaboratifs ajoute, chez eux, un peu plus d'hostilité à cette invasion d'un nouveau genre.

L'irruption bourgeoise dans les villages n'est pas près de s'arrêter. Les différentes périodes de confinement provoquées par l'épidémie de Covid-19 a poussé et pousse encore un certain nombre de citadins à envisager une vie loin des centres-villes et de ses bruits, pourtant habituels, mais désormais devenus insupportables. Une étude[2] menée en août 2020 par le site De particulier à particulier (PAP) le montre clairement. D'abord, elle s'intéresse au cas parisien. Dans la capitale, les recherches de biens à l'achat ont diminué de 5 % tandis qu'elles ont augmenté de 32 % dans les départements limitrophes de la petite couronne et, dans ceux de la grande couronne, de 83 %. « *La grande gagnante, c'est la Seine-et-Marne, avec un bond de 118 % des recherches ! Dans l'Eure, l'Eure-et-Loir, le Loiret, l'Yonne et l'Oise, les prospections vont également bon train, avec des recherches en hausse de 65 % à 102 % selon les secteurs* »,

2. Pierre Chevillard – « Immobilier : les citadins rêvent d'un toit à la campagne », [en ligne], pap.fr, septembre 2020.

lit-on dans cette enquête. Plus loin, en région, c'est le même constat. En Gironde, les recherches ont explosé de 70 %. Dans le Rhône, de 86 %. Alors que dans les deux grandes villes de ces départements, les recherches n'ont augmenté respectivement que de 21 % et 37 %. Dans une autre étude[3], toujours du même site, on constate par ailleurs que 72 % des citadins de région parisienne ont des envies d'ailleurs. Dont 42 % d'entre eux pour « *trouver un cadre de vie alternatif (nature, climat, rythme de vie...)* ». Ces chiffres, et ces désirs qu'ils expriment, sont prometteurs pour les villages. Pour autant, voir des citadins poser leurs valises dans ces contrées ne suffira pas à enclencher un redémarrage, il leur faut aussi vouloir se fondre dans le paysage et prendre leur part dans la vie de la commune. Ce qui est certain, c'est qu'une entente est possible. Encore faut-il qu'autochtones et nouveaux arrivants se rencontrent. Comment faire ?

Pousthomy est un petit village du sud de l'Aveyron, à deux pas du Tarn. Quand on le traverse, obligatoirement par la D. 33 en venant de Saint-Sernin-sur-Rance, impossible de passer à côté de son charme venu d'un autre temps. Ses pierres, ses bois, sa quiétude mais surtout son esprit. Ici, le village, c'est une famille. Un cercle grand de seulement 211 habitants. Ça aide vraisemblablement à y voir une certaine cohésion. Isolés, ils le sont, assurément, les Pousthomiols, et ce n'est pas vraiment un problème. Cette vie, ils l'ont tous choisie ou presque. Il y a ceux qui y ont passé toute leur vie, comme Yvan, 78 ans. Enfin, il est né à Saint-Affrique, certes, à trente kilomètres d'ici, mais

3. Marianne Font – « Logement : à quoi rêvent les Français pour demain ? », [en ligne], pap.fr, octobre 2020.

ensuite c'est à Pousthomy qu'il s'est épanoui. Aujourd'hui, son quotidien n'est que repos, promenades et discussions. De ces discussions qui vous amènent loin, comme si vous naviguiez dans l'histoire des lieux. On se sent à nouveau enfant. Il raconte, dans une sorte de frénésie, la légende de Victor de l'Aveyron, cet enfant dit « *sauvage* » du XVIIIe siècle qui aurait fait escale dans la commune, selon l'histoire locale, avant d'être capturé puis étudié. Il enchaîne, dans un débit plus ralenti, en abordant la question de l'école du village, fermée depuis le début des années 1970, puis la fuite des familles qui ont laissé une place « *royale* » aux retraités en quête d'un coin tranquille. Enfin, il s'esbaudit, en évoquant les quelques signes de vie retrouvée. Il y a ce « verger mémoire », vieux de dix-huit ans désormais, qui prolonge l'activité historique de la commune : le pressage de pommes. « *Ils ont replanté des arbres fruitiers, des pommes bien sûr, mais aussi des poires, pour faire de la vente, du jus, de la gnôle…* », évoque-t-il, fier. Leur but, justement, aux membres de ce fameux verger, est de « *recréer un patrimoine vivant en replaçant les vergers dans un projet environnement et tourisme fondé sur l'histoire du village* ». Mais il va bien au-delà, à en écouter les habitants. Chaque année, désormais, l'association invite les locaux à apporter leurs pommes sur la place du village pour les presser et ainsi repartir avec leur propre jus de fruits. « *C'est plus qu'un rendez-vous,* reprend Yvan, *c'est un des moments où nous apprenons davantage à nous connaître, que l'on soit un Pousthomiol de toujours, parti puis revenu ou un étranger.* » Ici, on l'a bien compris, les moments de fête et de partage sont indispensables. Pour le village, pour que tous se connaissent et prennent conscience de l'odyssée collective que représente la vie dans une telle commune, mais aussi pour les habitants eux-mêmes, pour enclencher une sociabilisation qu'ils devront ensuite faire perdurer, chez les uns et chez les autres. En effet, Pousthomy connaît également un autre rendez-vous, comme beaucoup de villages ruraux, sa fameuse fête annuelle. Un rituel, justement, tourné uniquement vers le collectif.

À la fin du mois d'août, le village connaît trois jours de célébrations, du vendredi au dimanche. On danse, comme dans toute fête qui se respecte, on se défie à la pétanque, pour mieux faire passer la gueule de bois de la veille, on refait le monde et on mange, beaucoup. Surtout le dernier jour, comme c'est la tradition, quand vient le moment de partager la soupe au fromage, la spécialité locale. « *La tradition veut que sa préparation s'étale sur toute la durée de la célébration* », nous conte Yvette qui habite dans l'ancienne épicerie du village, pile en face de l'ancienne station-service dont il ne reste plus rien. Pierrette, 83 ans, à quelques mètres de là, se fait un plaisir de nous présenter le déroulé de cette fête qui « *crée un lien* » entre les historiques et les nouveaux venus, comme elle, originaire de Béziers. « *Cette fête, c'est une sorte de grande coopération continue pour réaliser un plat que nous mangerons tous pour conclure ces beaux jours. Chacun peut participer à l'étape qui le chante* », témoigne-t-elle. Et de se faire plus précise : « *Le premier jour, on coupe du pain et on roule des feuilles de chou, le second on prépare les joues de cochon qu'on met dans un bouillon avec des carottes, des poireaux… On laisse ça sur le feu toute la nuit et le dernier jour de la fête, on empile les couches de chou, de cantal, d'emmental, ainsi de suite, et on mouille tout ça avec le bouillon.* » Enfin, le grand moment, celui qui scelle cette grande alliance pousthomiolle : « *On se retrouve tous chez le boulanger qui nous ouvre son four pour que ce soit gratiné.* » Puis vient le temps de la procession sacrée et de la dégustation. Chaque année – mais pas en 2020, Covid oblige – 800 personnes viennent déguster ce pur produit pousthomiol. C'est quatre fois la population de la commune. On y trouve les habitants du moment, et aussi de nombreux jeunes partis mais attachés à cette tradition et que l'on espère, ici, voir revenir un jour. « *Il y a de plus en plus de jeunes ici*, se satisfait Claudine, 67 ans, mariée à un local de l'étape, ex-artisan parti pour gagner sa croûte ailleurs. *On compte quelques nouvelles constructions récentes et la plupart sont initiées par des jeunes. Ils ne sont pas tous du coin, mais ce n'est pas plus mal quand ils jouent le jeu de la commune. Le seul problème, c'est qu'ils ne travaillent pas ici. Beaucoup travaillent à Albi, notamment dans la santé, à 45 minutes de route.* »

Reste que cette recette festive fonctionne pour créer un élan commun. Jean-François, désormais retraité, est un ex-photographe de presse. Après une carrière bien remplie loin d'ici, il s'est trouvé un point de chute, Pousthomy, qu'il n'échangerait pour rien au monde. « *Ici, on se salue tous, tout le temps. On prend le temps de discuter, des liens se sont tissés même si on n'a pas forcément les mêmes références ou le même accent... On se réunit même une fois par mois pour nettoyer la commune de fond en comble à l'initiative d'une association locale. En fait, après avoir partagé tant de bons moments, on a qu'une envie : s'engager pour le village.* » Pour sa part, il n'a pas encore acté la nature de son engagement. Mais il y réfléchit : pourquoi ne pas y organiser des concerts de jazz, sa grande passion ? Il sourit : « *J'y pense, j'y pense... J'y pense fort.* »

Les campagnes en déclin connaissent depuis longtemps une déstructuration des lieux de vie collectifs. De ce fait, il est de plus en plus difficile de se rencontrer et, mécaniquement, la localité définit de moins en moins le cercle social des individus. On observe alors une sorte de repli sur soi, sur une sphère personnelle composée de ses propres amis, ceux que l'on a choisis. C'est cette logique, néfaste pour la vitalité de ces communes, que les rituels festifs revisités et ranimés peuvent combattre, comme à Pousthomy. Mais pas uniquement ces rituels, évidemment. Seulement en complément d'une réimplantation de lieux de vie permanents où se croiser, partager, voire même penser certains projets communs. Pour cela, quel meilleur endroit que le bistrot ?

Le gouvernement Philippe a tenté de répondre à cette situation, toujours dans le cadre de son agenda rural, en annonçant au mois de février 2020 le développement d'un projet visant à créer ou reprendre 1 000 cafés en milieu rural, sur proposition du groupe d'économie sociale et solidaire « SOS ». Pour « *redynamiser nos campagnes et préserver ces lieux de vie* », le Premier ministre a promis de créer « *10 000 nouvelles licences gratuites pour les petites communes* » de moins de 3 500 habitants. Par licence, le chef du gouvernement d'alors entendait, bien évidemment, « licence IV », cinq fois moins répandue aujourd'hui qu'en 1960, permettant de tenir un débit de boisson contre le versement d'une certaine somme. En moyenne, il faut compter 7 500 euros. Mais selon les localités, ce prix peut s'élever jusqu'à 50 000 euros… Un sacré frein à l'installation.

Toutefois, difficile d'imaginer les bistrots à nouveau envahir les villages, même avec cette réponse. Non pas que ces mesures ne répondent à aucun besoin. Mais l'épidémie de Covid-19 est passée par là. « *20 % des bistrots sont menacés : ceux qui sont les plus fragiles, ceux qui se sont installés récemment et, par ailleurs, ceux en fin de carrière et qui cherchaient un repreneur* », déplore Alain Fontaine, président de l'Association des bistrots et cafés de France. « *La campagne est devenue un cimetière de cafés-hôtels-restaurants*, constate Roland Héguy, président du syndicat UMIH (Union des métiers et des industries de l'hôtellerie). *Pourtant, ces commerces ont toute leur place dans la régénération de l'économie rurale.* » Et dans l'édification de ponts entre les habitants, quelle que soit leur classe. Les syndicats du secteur ont une idée de la façon par laquelle il faut aborder ce chantier. Pêle-mêle : adapter la fiscalité de ces entreprises à leur rentabilité, les exonérer de cotisations sociales pendant cinq ans… Pour conclure et relancer l'activité, plus que ces coups de pouce, il y a surtout beaucoup à attendre des municipalités, de leur capacité à mettre des locaux à disposition de futurs gérants. Mais aussi de la coopération d'habitants pour tenir ces maisons, les animer, les gérer, par roulement. Fondamental pour conserver cette richesse chère aux autochtones, cette fierté mise en avant par le mouvement des Gilets jaunes, et préserver un mode de vie auquel aspirent tant de citadins sur le départ. Pour en finir avec le « *vivre-ensemble* » comme slogan.

Réseaux sociaux, nouvelles places de villages

Bien sûr, les villages ruraux, même les plus reculés, n'ont pas attendu le mouvement des Gilets jaunes pour se connecter aux réseaux sociaux, c'est une évidence. Pour autant, cet épisode de l'histoire récente de notre pays a créé un après. Dès les premiers jours de la révolte, avant même l'occupation du premier rond-point, c'est sur les réseaux sociaux que ces indignés se sont retrouvés et se sont organisés. Aujourd'hui encore, ces groupes fonctionnent à plein sur Facebook.

Il y a le bien-nommé « La France en colère !!! », groupe de référence, qui réunit un peu moins de 300 000 personnes. « Gilet jaune », lui, stagne autour de 190 000 inscrits. Puis, suivent, distancés, des groupes tels que « Le réveil du peuple » ou « Infos Gilets jaunes », respectivement forts de leurs 95 000 et 40 000 membres. Des locomotives qui ont aussi accouché de pages du même type mais à l'échelon local. Dans les Hauts-de-France, le groupe du coin rassemble 3 900 membres, même nombre de participants pour celui consacré au pays d'Auge (Calvados et Orne). Dans le département des Pyrénées-Orientales, il en existe plusieurs, dont celui du Boulou (village de 5 000 habitants), qui réunit… 4 000 membres ! Répertorier l'ensemble de ces groupes prendrait plusieurs pages tant il en existe. Tous les départements, *a minima*, en ont une.

Sur ces espaces de discussions, qui sont les héritiers des bons vieux forums, on parle avant tout politique. En moyenne, selon nos calculs, à la fin de l'année 2020, chaque groupe voyait encore près de 110 publications par jour. Une fourmilière de débats. Même si un certain nombre ont été conquis et détournés par certaines sections anticapitalistes, comme cela a été le cas sur le terrain dans les derniers mois du mouvement des Gilets jaunes et initiant son déclin, les thématiques originelles de ce mouvement demeurent encore et toujours discutées. De la lutte contre la vie chère à la critique de la mondialisation et de ses effets néfastes pour nombre de bassins de vie. Dans les groupes locaux, cependant, les échanges sont beaucoup moins abstraits. Les questions les plus discutées gravitant autour de la « *casse* » de certains pans du territoire : fermeture des trésoreries locales, réductions d'effectifs dans les entreprises des alentours, problèmes sécuritaires… Mais rien, ou pas grand-chose, de positif. Simplement une belle matière pour qui voudra s'insurger.

D'où la création, dans le sillage de ces groupes-là, de collectifs uniquement centrés sur l'actualité des villages. Pour constituer un canal direct entre les habitants et dans lequel circuleraient idées, initiatives et appels à projets. Des plateformes autrement plus positives. Thierry, administrateur d'un groupe d'un village du Jura, raconte : « *Les Gilets jaunes, j'ai suivi ça comme on suit une équipe que l'on supporte sans pouvoir entrer sur le terrain. Sur*

Facebook, BFM, les journaux… Je suivais tout ce qu'ils faisaient, ils m'ont donné envie de prendre ma part. Alors, j'ai créé un groupe, pas forcément politisé, mais pour relever ma communauté locale sur leur modèle. C'est une sorte de nouveau moyen de communication. À l'heure où l'on se rencontre de moins en moins, où même chez nous tout va de plus en plus vite, ça nous permet d'être en contact à peu près en permanence. » Notre homme préfère rester anonyme, taire le nom de sa commune, par crainte que son employeur tombe sur ses propos et voie d'un mauvais œil sa démarche. « *Comme si elle avait quelque chose de révolutionnaire, vous voyez ?* » Reste qu'elle produit des résultats positifs. Par l'intermédiaire de ce groupe, une solidarité nouvelle s'est créée dans son village, promet-il. « *Des jeunes proposent leur aide aux anciens, les nouveaux venus se présentent et proposent un temps de rencontre, les commerçants font leur publicité, les indépendants proposent des services sur mesure en fonction des discussions… C'est une sorte de place du village, mais sans les barrières habituelles du réel, lorsque l'on ne se connaît pas.* »

Quand ils ne sont pas fraîchement créés, des groupes existants et fondés à l'origine pour se plonger dans certains souvenirs communs sont repris pour les amener vers cet idéal. C'est le cas à Millas, petite commune d'un peu plus de 4 200 habitants, à 20 kilomètres de Perpignan (Pyrénées-Orientales). À l'origine, le groupe « Tu es originaire de Millas si… » n'avait qu'un but : partager, entre Millassois, une certaine nostalgie. Celle des exploits passés de son équipe de rugby, l'USM, des grands crus de sa feria. Ou de se rappeler au bon souvenir des grandes figures locales. De l'ancien gérant d'un illustre café aujourd'hui disparu à son ancien maire, Christian Bourquin. Mais depuis début

2020, ce groupe a comme muté. Se transformant peu à peu en support bienvenu d'une communauté d'entraide. Qu'y trouve-t-on ? De tout mais, surtout, des « *appels* ».

Des appels au don, par exemple de la part d'une jeune maman disposant de peu de moyens à la recherche d'une table à langer, ou des dons spontanés, par exemple Séverine qui offre des sacs de vêtements « *en bon état* ». Des appels à participation, dont un lancé par un certain Jean-Christophe, désireux de créer une exposition de « *poupées Bella* », d'origine catalane, pour relancer l'activité culturelle de la commune. Des appels à la vigilance, aussi, après des incivilités ou un cambriolage. Des appels au nettoyage collectif, du lac comme des rues du village, pour faire de leur maison commune un espace respecté. Des appels à consommer local, notamment dans leurs commerces et restaurants qui sont appelés à exposer produits et offres du moment. Mais aussi en vente directe chez certains producteurs, comme chez « Els Horts del Bibes », dont Sylvain et Audrey, à leur tête, décrivent l'emplacement où les villageois peuvent les trouver avec quelques mots tendres : « *Nous tenons néanmoins à remercier les personnes que l'on compte déjà parmi notre gentille clientèle, du soutien qu'ils nous apportent en achetant local et remercions d'avance ceux qui continueront à nous soutenir et ceux qui s'y joindront afin que nous puissions perdurer dans notre activité.* » Ou encore des appels à la responsabilité, pandémie oblige, pour se protéger et veiller les uns sur les autres, quand on ne se dépanne pas en imprimant une attestation de sortie, au temps où le confinement était encore la règle. Bref, ces actions confèrent à ce type de groupe une mission : l'entraide. Si certains membres évoquent le déclic qu'a constitué le mouvement des Gilets jaunes dans leur volonté très personnelle de se tourner davantage vers les autres depuis quelque temps, beaucoup d'autres soulignent qu'il s'agit plutôt d'une conséquence de la crise du Covid. « *Nous avons tous souffert pendant cette crise*, conclut Thierry, membre d'un autre groupe du même genre, "Un village nommé Servon 77 et ses alentours". *Autour de nous tous, il n'en manquait pas de personnes en souffrance. Commerçants, ouvriers, employés, petits patrons, vieux, jeunes… Tout le monde a manqué de quelque chose. D'argent, d'attentions, de lien avec les autres, de liberté, d'air… Avec cette période, j'ai plus que jamais compris que quels que soient nos origines, notre profession ou notre âge, on en prenait plein la gueule et qu'on ne peut compter que sur nous-mêmes et nos semblables. Alors, je me suis dit qu'il fallait urgemment prendre sa part pour diminuer les peines. Parfois, un petit commentaire pour souhaiter du courage ou une publication qui dit "on ne vous oublie pas" fait plus de bien qu'un don.* » Une prise de conscience mesurée par l'Ifop dans son baromètre de la Fraternité 2020 qui indique que 23 % des Français estiment que la crise sanitaire les a rapprochés de leurs voisins. Ces groupes ont certainement été un facilitateur qui fait le jeu d'une solidarité moteur pour ces villages.

D'autre part, les regroupements numériques ont une autre utilité, cette fois pour les élus locaux. Celle de pouvoir veiller aux aspirations de leurs concitoyens les plus proches, d'y répondre directement ou de les faire remonter aux instances nationales. À Millas, le maire de la commune, Jacques Garsau, considère grandement cette place numérique. Régulièrement, il répond aux attentes, aux commentaires plus ou moins agréables sur la gestion de la ville, et annonce même des événements inspirés de discussions, par exemple la création d'un « *concours de maisons illuminées* » pour Noël 2020. C'est d'ailleurs par l'intermédiaire de ce groupe qu'il projette d'organiser des « *tables rondes en visioconférence* » avec tous les inscrits qui peuvent, toujours sur cette même page, choisir les thèmes qui seront discutés. Autour de cette question des sujets à aborder, les contributions sont nombreuses et riches : récupération d'un label « village fleuri », limitation de la vitesse sur certaines portions, renforts pour la police municipale, verbalisation du stationnement gênant, nettoyage du Boulès, rivière qui traverse le village, ou réflexion autour de nouvelles places de parking pour faciliter l'accès aux commerces… Avec des citoyens heureux de pouvoir échanger directement avec le maire, comme Françoise : « *Nous avons une chance énorme, je ne connais pas beaucoup de maires qui répondent directement sur Facebook aux habitants.* » Et d'autres moins, en témoigne le commentaire de Santa : « *Patiente jusqu'à quand? Je fais partie des actifs de ce village qui en ont marre de toutes ces injustices.* » Mais l'essentiel est là, le village dialogue, même par écrans interposés. Ici comme ailleurs, les initiatives communales naissent aussi, et de plus en plus souvent, sur le réseau social américain. Et c'est également ici que la démocratie locale se fait de plus en plus participative.

Cette énergie que l'on retrouve dans ces groupes Facebook, d'autres ont tenté de la faire naître bien avant l'émergence de ces repères numériques. En 2010, l'institut Eduter, émanation de l'Institut national supérieur des sciences agronomiques de l'alimentation et de l'environnement (Agrosup) de Dijon (Côte-d'Or), en partenariat avec les régions Auvergne et Bourgogne, a lancé un réseau social tourné vers la ruralité : Ruralnet. Une plateforme dont la vocation annoncée était de « *faciliter l'acquisition et le partage des connaissances et des savoir-faire* », de manière « *interactive et communautaire* ». À l'époque, l'objectif principal de ses créateurs était avant tout de permettre aux ruraux, qui ne disposaient pas forcément de moyens suffisants pour rejoindre les villes et leurs possibilités, de se former et de développer des compétences qu'ils allaient mettre à disposition de leur territoire. « *Plus il y aura de ruralnautes, plus il y aura de chances de voir émerger des compétences nouvelles susceptibles d'enrichir la communauté* », peut-on encore lire dans les archives du site désormais inactif. Un projet qui n'a pas rencontré son public et qui n'a donc jamais pu remplir sa mission.

D'autres sites, aujourd'hui, tous retranchés derrière cette étiquette de « *réseaux sociaux* », se donnent pour horizon de souder à nouveau les « *voisins* », urbains comme ruraux. Mais avec un succès plus que relatif dans les villages. Sur Nextdoor.com, site américain qui espère « *tisser des liens* » entre les voisins pour « *créer un monde plus accueillant dans lequel chacun pourrait compter sur les membres de son quartier* », ne comprend que très peu d'inscrits hors des métropoles. À Millas, par exemple, ils ne sont que 12 inscrits sur plus de 4 000 villageois. Chez le concurrent bien français, Monvoisin.fr, ce n'est guère mieux. S'il affiche des objectifs semblables, à savoir « *contribuer aux grands défis sociétaux de notre époque en proposant des solutions à l'échelle locale, lutter contre l'anonymisation de la société, la crise sociale et économique ou encore l'insécurité* », ses 400 000 utilisateurs actifs sont principalement dans les grandes villes, même chose sur Smiile.com, réseau de voisinage « *positif* », qui compte autant d'inscrits. L'explication est certainement à trouver du côté de l'offre de ces sites qui, derrière les icônes colorées, le vocabulaire très « *start-up nation* » et les anglicismes répétés, semblent s'adresser explicitement au public urbain qu'ils doivent juger le plus rentable ou le plus en attente de leurs services. Le vocabulaire qu'ils emploient le laisse en tout cas penser, répétant à l'excès les invitations à une « *vie de quartier* ». D'où la naissance d'initiatives individuelles, de la part d'habitants de villages, en créant des groupes sur Facebook, réseau social dont les fondateurs n'ont très certainement pas imaginé que leur création servirait cet usage très rural. Une prise en charge de ces outils par les ruraux et pour les ruraux qui s'inscrit là encore dans une démarche d'autonomisation.

Parmi ces groupes ruraux, certains ont des allures de think tank. Dont beaucoup, il faut bien l'avouer, sont créés par des néoruraux, installés ou en instance d'installation. C'est le cas de « Hameaux et villages abandonnés ». Six mille deux cents personnes y adhèrent et participent chaque jour aux échanges proposés par ces mêmes membres. La description du groupe est claire, l'objectif est de « *répertorier les Hameaux et Villages abandonnés, pour leur redonner VIE* ! ». Elle avertit : « *Indiquons ce qu'il manque à ces coins. Évitons de dire : tout! Ça, nous le savons… Par contre, vous pourrez aider en indiquant qu'il manque un maraîcher, un boulanger, etc. Pour que les futurs habitants soient au parfum de ce qu'ils auront comme future activité.* » Sur ce groupe, les adhérents, qu'ils soient néoruraux installés ou sur le point de sauter le pas, imaginent leur ruralité. Audrey, par exemple, propose une réflexion sur la « *gouvernance* » à adopter. « *Il faut s'organiser et prendre des décisions partagées par tous les membres très tôt*, explique-t-elle. *Moi, j'opte pour la sociocratie avec la prise de décisions par consentement.* »

Au fil de la discussion, celle-ci détaille les piliers de son projet : « *Il doit y avoir un cercle où les personnes se retrouvent pour coconstruire. Ensuite, il faut prendre les décisions par consentement et non par consensus pour avancer tous ensemble sans que personne soit contre. Enfin, il faudrait penser à une élection sans candidat pour choisir nos représentants en fonction de ce qu'ils peuvent apporter aux différents cercles de décisions créés à cette occasion.* » Un débat vite avorté, cette fois pour un désaccord sur le vocabulaire employé. « *Le mot gouvernance est horrible!* », déplore un internaute. D'autres profitent de ce groupe pour exposer leurs projets concrets. C'est notamment le cas d'Emma qui, avec son compagnon, s'emploie à mettre sur pied un « écohameau » dans les Landes ou le Gers. « *Nous souhaitons développer un pôle thérapeutique, un pôle culturel et accueil de public, un pôle agro-écologie et un pôle écoconstruction*, avance-t-elle. *Mais le plus important est de développer des partenariats avec les acteurs locaux (entreprises, associations, artisans, producteurs, école, etc.) pour relancer un mode d'échange et de partage local.* » Succès garanti sur cette page de doux rêveurs. Tout comme pour le projet de Laurent qui invite tous les « *aventuriers* » du groupe à s'investir dans la création un écovillage dans le Puy-de-Dôme. « *Tout est à faire*, présente-t-il. *Nous recherchons dix familles pour se lancer!* » Le jeune trentenaire a des idées plein la tête, de la création d'une charte de vie à l'achat de terrains et de propriétés. Un enthousiasme gonflé par les réponses des curieux.

C'est sur ce groupe-là que nous avons appris l'existence de « C.E.R.I.S.E ». Plus qu'un fruit, il s'agit de ce que Tiffany Berton, sa créatrice, appelle la « Communauté pour l'éducation et la recherche immersive et solidaire sur l'environnement ». Derrière cet acronyme, et ce nom à rallonge une fois déroulé, il y a avant tout un projet : celui de créer un écohameau pour « *faire fructifier la société en l'inscrivant dans une politique de régénérescence économique et environnementale d'une commune* ». À la lecture de cette intention, nous pensons immédiatement à des hippies foldingues qui cherchent à tout prix à créer un monde à part, loin d'une société moderne et urbaine qu'ils exècrent pour bon nombre de raisons certainement valables. À l'image des protagonistes du film *Problemos*[1], avec des feuilles dans les cheveux et une guitare à la main. Mais il n'en est rien. Tiffany est une citadine. Née à Paris il y a quarante ans, elle a fait ses études à Londres (Royaume-Uni) avant de partir vivre à Toronto (Canada) et de revenir en France. Auteure-interprète, elle a passé quelques années à composer des musiques pour le secteur de la publicité. Jusqu'à ce qu'on lui détecte une fibromyalgie, maladie du système nerveux central, un « *choc* ». « *J'ai fait un point sur les priorités dans ma vie, c'était une sorte de moment quitte ou double*, raconte-t-elle. *Je me suis dit : soit on continue dans une voie qui marche mais qui ne me rend pas forcément heureuse. Soit je lâche tout et je vais dans la voie qui m'intéresse le plus. C'est alors que j'ai imaginé ce projet en rapport avec les gens, la communauté, la société. Je voulais, égoïstement, être heureuse et, dans le même temps, être utile aux autres.* »

Comme elle, les membres de C.E.R.I.S.E sont certes des utopistes mais leurs desseins ne se fondent que sur des plans concrets, aux risques calculés, et qui s'inscrivent à part entière dans une démarche collective. Pas seulement

1. Éric Judor – *Problemos*, Albertine productions, 2017.

entre membres d'une même équipe. Leur cause, c'est celle de faire société pour la société. « *Nous souhaitons créer une véritable communauté ouverte*, détaille-t-elle. *Le hameau sera autonome en ressources mais sera connecté aux communes des alentours avec qui nous travaillerons main dans la main pour transformer notre avenir commun.* » Concrètement, Tiffany Berton entend d'abord miser sur les villages les plus désertés. Au cœur de leur action, une idée. « *Aider toute une commune à revivre en faisant revenir les gens, les enfants, les commerces, les écoles et les touristes.* » Le lieu qui accueillera ce futur écovillage qu'elle espère salvateur n'est pas encore fixé. Pour le trouver, la communauté vise une des « zones de revitalisation rurale ». Les ZRR, créées par la Loi d'orientation pour l'aménagement et le développement du territoire du 4 février 1995, regroupent des territoires ruraux qui rencontrent des difficultés particulières : faible densité démographique ou handicap structurel sur le plan socio-économique, par exemple. La création de ces zones permet, aux entreprises qui s'y installent, de bénéficier de divers avantages fiscaux. Le but étant évidemment de relancer l'activité économique de ces territoires. En France, à ce jour, selon les données rassemblées par la région Occitanie[2], 14 375 communes en font partie, couvrant toute la diagonale du vide et s'étendant partiellement, par touches, vers l'Ouest et le Sud-Est. Dans une publication adressée aux près de 900 membres de C.E.R.I.S.E, Tiffany explique : « *Ces communes peuvent avoir accès à des subventions de l'État et les projets, selon le statut juridique, ont certains avantages*

2. « Zones de revitalisation rurale » (ZRR), [en ligne], data.laregion.fr, novembre 2020.

fiscaux pendant un temps. L'idéal serait de viser une commune qui, par exemple, a fermé son dernier commerce essentiel, a perdu progressivement une grande partie de sa population, a fermé son école... »

Pour aider à « *régénérer* » la ou les communes qu'ils auront choisies, le collectif entend prendre sa part en jouant sur deux leviers à la fois : économique et environnemental. D'abord en cherchant à « *préserver, reboiser et autonomiser* » les zones naturelles existantes en collaboration avec les municipalités, puis en encourageant et en promouvant les artisans locaux en leur « *offrant une plateforme pour vendre leurs produits* » par exemple en organisant des événements de « *rencontre* ». Et, enfin, en favorisant toutes sortes de développement économique local et de lien social entre les membres du collectif et les habitants des villages tout proches. Par ailleurs, le collectif entend également aider à réimplanter certains commerces par ses propres moyens. Notamment autour de la vente de produits récoltés ou fabriqués par leurs soins (fruits, légumes, pains...) ou en investissant le champ de « *l'écotourisme* ». En ouvrant des maisons d'hôtes autonomes. Mais jamais sans s'imposer, jure-t-elle. La coopération avec les mairies sera la clé de la réussite de leur installation. Une installation qu'ils entendent d'ailleurs négocier avec elles pour, pourquoi pas, « *obtenir un deal avec un terrain, comme un bail à prix symbolique sur 99 ans ou un don au collectif sous forme de foncier* ».

« *On ne peut pas arriver avec nos bagages, un casque de chantier sur la tête, et un classeur sous le bras en leur disant : "on va faire ci, on va changer ça"*, avertit-elle. *Ça va forcément irriter des gens. C'est pour cela qu'il nous faut trouver plusieurs communes qui voudraient bien travailler avec nous. Ainsi, nous pourrons ensuite choisir la commune où nous sentirons que notre aide sera accueillie les bras ouverts par des habitants qui voudront tenter l'aventure avec nous.* » Pour éviter absolument de jouer les conquistadors en zone rurale, celle qui est professeure de chant à la ville entend mener un véritable « *travail d'enquête* » afin de connaître ce que « *les communes cherchent* » et ce qui « *pourrait les aider* ». « *Mon idée se base sur plusieurs fondements : recherche, transmission, solidarité et travail commun. Ça, ce sont des fondements philosophiques. Ce que ça donnera, concrètement, on verra. Car ce sera le résultat d'un travail mené conjointement entre les habitants actuels de la commune et les membres du collectif en fonction des besoins de la commune. On peut difficilement prévoir ce que ça va donner. La situation décidera de tout. Par exemple, s'il manque un boulanger, nous allons concentrer notre action sur l'ouverture d'une boulangerie en cherchant un boulanger et en axant dans un premier temps notre installation sur ce projet.* » Le collectif est désormais lancé et vise la fin de l'été 2021 pour commencer leurs premières visites de communes. Celles-ci qui pourraient à terme devenir le nouveau havre dont Tiffany rêve tant : « *C'est un projet assez ambitieux, mais qui peut aussi réserver quelques surprises. En échangeant avec les habitants de ces communes, peut-être nous rendrons-nous compte qu'il faudra enclencher un plus gros projet que celui décidé initialement et qu'il nous faudra plus de temps pour le réaliser. Nous verrons bien ce que ces rencontres nous réservent.* »

Cette initiative, bienveillante, en rappelle une autre. Celle-ci davantage conquérante : le Hameau des buis, lancé par Sophie Rabhi-Bouquet. Ils sont près de 50, aujourd'hui, à avoir rejoint l'aventure et à s'être installés dans le sud de l'Ardèche pour « *réformer [leur] façon de vivre* » et faire le choix de « *l'humain* » et de « *l'écologie* ». Le Hameau comprend une vingtaine de logements entièrement conçus de manière bioclimatique à base de matériaux écologiques, des espaces et matériels domestiques mutualisés (laverie, outillages...), une ferme qui comprend de petits élevages (chèvres, poules, cochons), un verger, une production maraîchère, et, enfin, une école, dont la pédagogie est tournée vers la nature, et qui accueille jusqu'à 50 élèves de la maternelle jusqu'au lycée. Cette école est le symbole d'une communauté qui veut exister à part. Et qui pense les choses pour elle-même sans y inclure ses voisins, sans se penser dans un tout. Elle est un empire dans la République. Un virus, un cheval de Troie qui ne peut que participer, à son échelle, à l'éclatement de la communauté nationale plutôt qu'au sursaut collectif. Et qui ne rend aucun service à la ruralité hormis celui de la désamarrer davantage du reste du pays, de la marche du progrès. Ce sont ces initiatives qui font croire aux ruraux de toujours que plus rien n'est possible pour eux, que plus personne ne croit en eux, ni ne pense à eux, et qu'ils ne peuvent, de toute façon, jouer aucun rôle majeur dans le réveil de leur pays, une fois le mythe de la mondialisation heureuse définitivement abattu. Ces constructions portent un message : campagnards, pensez-vous différemment, tuez le père ! C'est ce même message qu'ont porté certains militants d'extrême gauche qui ont tout fait pour récupérer le mouvement des Gilets jaunes avant de briser son élan remarquable. Or, se penser autrement, tout en gardant à l'esprit l'intérêt collectif, peut et doit mener à la réconciliation. Et amener un nouveau demain, pour tous plus que pour quelques-uns.

Une jeunesse en mouvement

Tant qu'il y aura des jeunes, la France rurale conservera quelques raisons d'espérer. Combien sont-ils, aujourd'hui, à ne pas avoir changé de cap ? Selon les données de l'Insee, reprises dans un avis[1] de la section de l'aménagement durable des territoires et de la section de l'éducation, de la culture et de la communication du CESE (Conseil économique, social et environnemental) de 2017, ces personnes âgées de 15 à 29 ans étaient, en 2011, 1,6 million à résider dans les espaces à dominante rurale. Notons par ailleurs que dans les espaces ruraux très peu denses, où vivent 4 % de la population (soit un peu moins de 3 millions de personnes), ils sont 240 000. Les ruraux sont en grande majorité âgés, ce n'est pas une surprise, et ça ne va pas en s'arrangeant. De 1999 à 2008[2], comme l'indique l'Insee, les plus de 60 ans et les plus de 75 ans ont gagné une part significative de terrain, avec une augmentation de ces populations respective de 8 % et 27 %. Voilà pour les chiffres les plus récents. Et de l'avis des acteurs de terrain, notamment des élus de ces territoires,

1. Danielle Even et Bertrand Coly – *Place des jeunes dans les territoires ruraux*, CESE, 2017.
2. Insee – RGP 1999 et 2008.

la tendance est toujours la même aujourd'hui. Les cheveux gris se font de plus en plus visibles tandis que la jeunesse s'estompe. Pourquoi ? La sociologue Mélanie Gambino[3] se penche justement sur les perceptions entretenues par cette jeunesse rurale. Dans sa thèse sur la question, soutenue en 2008, elle note que l'expérience rurale peut être vécue, par ces purs produits ruraux, comme un piège. Avec une préoccupation très forte concernant leur insertion professionnelle. En clair, rester c'est prendre le risque de provoquer, voire d'organiser, sa propre relégation. Et, à terme, sa perte. Pourtant, il y a pour ces jeunes un rapport au territoire particulier qui n'existe que peu en ville. En effet, 81 % d'entre eux se sentent « *appartenir* » à leur lieu de vie[4], contre 47 % chez les jeunes citadins. Un attachement qui se reflète dans une autre donnée : 87 % des jeunes issus de milieux ruraux souhaitent y vivre et 72 % y travailler[5]. D'ailleurs, quand ils restent, ces jeunes-là ne font pas le choix de la passivité, bien au contraire. Ils aiment leur territoire et font tout pour développer ses atouts au maximum en s'engageant. Ils créent des entreprises, proposent des animations culturelles, participent à la vie locale et, surtout, ils forment des structures pour poursuivre ces buts-là. Pour preuve, d'après le Réseau national des juniors associations, dispositif qui permet aux jeunes mineurs de

3. Mélanie Gambino – « Vivre dans les espaces ruraux de faible densité de population : pratiques et représentations des jeunes dans le Périgord vert (France) et le Rural Galway (Irlande) », 2008.
4. Mouvement rural de jeunesse chrétienne (MJRC) – Enquête « Les jeunes issus du milieu rural », 2005.
5. MRJC et Institut national de la jeunesse et de l'éducation prioritaire (Injep) – « Accueillir les jeunes en milieu rural », 2005.

créer leur association, une « *junior association* » sur deux naît en territoire rural. Et quand ils n'en créent pas, ils les rejoignent : une enquête menée dans les Pays de la Loire en 2015[6] montre que 48,1 % des lycéens ruraux s'engagent dans une association, contre 25,5 % des urbains. À cette envie de servir sa terre s'ajoutent des compétences. D'abord, il faut noter que les élèves ruraux affichent de bien meilleurs résultats scolaires que la moyenne nationale, explicables simplement par les effectifs réduits et la coopération, à l'école primaire, entre les élèves de différents niveaux par les très nombreuses classes multiniveaux. Ensuite, ils ont des atouts à faire valoir, des compétences qui peuvent largement servir les intérêts de leur territoire. Si leur orientation est largement marquée par les déterminismes sociaux, en sachant qu'ils sont majoritairement descendants d'ouvriers ou d'agriculteurs, leur formation le plus souvent courte et professionnalisante leur offre des qualifications concrètes très tôt, particulièrement utiles pour l'avenir des territoires en quête de revitalisation. D'après l'Institut national de la jeunesse et de l'éducation populaire (Injep), 58 % des jeunes ruraux âgés de 15 à 19 ans sont en contrat d'apprentissage ou de professionnalisation, soit 13 points de plus que les jeunes urbains. Bien que le discours médiatique et urbain glorifie sans gêne les formations dites « intellectuelles » au détriment de celles montrées comme uniquement manuelles, désignant ces dernières comme une voie de relégation, ce sont pourtant de ces forces-là que nous manquons aujourd'hui, plutôt que de pseudo-penseurs surdiplômés, dans tout le pays et

6. Claire Lemêtre, Sophie Orange – « Jeunesses rurales, jeunesses ordinaires », *Savoir/Agir*, 2016.

spécifiquement dans les campagnes. Toutefois, ces bassins de vie sont aujourd'hui incapables de fournir les emplois, ou le potentiel, pour se lancer dans le domaine étudié sur place. Majoritairement, ils sont titulaires de diplômes destinés à les insérer dans les secteurs industriel, agricole ou tertiaire (commerce, administration…)[7]. Autrement dit, tous les secteurs sinistrés de ces territoires.

Un rapport paru en 2010, rédigé conjointement par l'Inspection générale des affaires sociales (Igas) et le Conseil général de l'agriculture, de l'alimentation et des espaces ruraux, intitulé « Pauvreté, précarité et solidarité en milieu rural », est particulièrement pertinent pour analyser la situation. Dans celui-ci, on trouve quelques explications à leurs grandes difficultés et à leur désarroi. Avant tout, on s'aperçoit que, si par le passé, le manque ou le peu de formation de ces jeunes (l'obtention de diplôme court professionnalisant étant considérée comme cela) ne constituait pas un « *obstacle dirimant pour l'emploi* » de ces derniers, aujourd'hui, et ce quel que soit le secteur choisi, « *la qualification s'impose comme clé de l'accès à un emploi* ». Ce changement de logiciel, en plus de la raréfaction de l'emploi en milieu rural, a donc occasionné deux types de réaction. La première, abordée dans le rapport, est une non-réaction. En cause, une « *très grande difficulté ressentie par des jeunes, ancrés dans leur territoire, à assimiler la nécessité d'une solide formation*, décrit le rapport. *Il leur est parfois plus difficile encore d'accepter de se déplacer pour se former. Bien que l'emploi offert y soit rare, certains demeurent persuadés qu'ils pourront trouver du travail sur place. L'étendue*

7. Centre d'études et de recherches sur les qualifications (Céreq) – Génération 1998 : enquêtes, 2001, 2003, 2008.

du territoire considéré comme "accessible" (physiquement, mais aussi "dans les têtes", comme le disent, en ces termes, les interlocuteurs locaux) peut être réduite à quelques kilomètres carrés ». Conséquence malheureuse, en ne réagissant pas, ces jeunes s'enferment, se replient sur eux-mêmes, jusqu'à faire apparaître chez eux une « *forme de déstructuration sociale* » avec les années. « *Dans les zones où se concentrent les difficultés (les anciens sites industriels notamment), c'est parfois la deuxième, et même la troisième génération pour laquelle l'emploi a perdu de son évidence quotidienne* », lit-on dans ce même document.

La deuxième réaction, à moins de faire le choix de rester, mais de travailler à des dizaines de kilomètres et donc de voir son faible salaire de débutant fondre, c'est le départ. Souvent à contrecœur, pour fuir l'échec assuré, le chômage, le surplace… Ce départ se produit en général entre 17 et 19 ans, à en croire l'Insee[8]. En effet, à travers leurs données, on observe que, si 37 % des jeunes de 15 ans vivent « *dans le rural* », ceux de 17 ans ne sont plus que 35 % dans ce cas, avant de tomber à 22 % pour ceux de 19 ans. Fait intéressant : à partir de 23 ans, la part des jeunes qui habitent dans l'espace rural repart peu à peu à la hausse. Il existe donc une volonté de retour. En effet, alors que certains vont choisir définitivement le milieu urbain pour y trouver un emploi et fonder une famille, d'autres vont retourner dans leur campagne de provenance. En définitive, à 29 ans, 29 % des jeunes résident dans l'espace rural. Rassurant ? En tout cas, ce n'est pas complètement désespérant. Mais cela reste huit points de moins qu'à 15 ans. Et autant de forces vives en moins pour ces territoires qu'il faut s'employer à reconquérir.

8. Insee – Recensement de la population 2015.

Ces départs forcés et plus subis que choisis touchent particulièrement les femmes qui pâtissent davantage du chômage ou des emplois précaires que les hommes dans les espaces ruraux. En Auvergne, par exemple, le taux de chômage des femmes dans ces zones dépasse celui des hommes de neuf points[9]. Dans le même temps, une femme occupée sur trois travaille à temps partiel, contre un sur dix chez les hommes. Et enfin, le taux de contrats précaires chez les femmes est supérieur de près de dix-sept points à celui des hommes.

C'est à ce sort qu'a voulu échapper Tristane. À 29 ans, elle est désormais bien loin du village dans lequel elle a grandi. Ce village, c'est Roqueredonde (209 habitants), dans le département de l'Hérault. Ses parents, eux aussi, l'ont depuis quitté pour s'installer à Lodève, non loin. Elle, c'est à Montpellier qu'elle a posé ses valises et où elle a suivi des études de droit puis d'économie. Deux échecs. Aujourd'hui, elle est vendeuse dans une boutique de prêt-à-porter et ça lui « *convient très bien* ». « *Mon village, j'aurais préféré ne jamais le quitter*, commence-t-elle. *Le vert, son atmosphère, la famille et les voisins qui sont un seul et même cercle, on ne le trouve pas ailleurs.* » Sur les conseils de sa cousine qui, elle aussi, a tenté le grand départ, elle a osé ce saut dans l'inconnu que lui déconseillaient ses parents. « *Le droit, l'économie… T'en connais beaucoup des annonces autour de ça dans le secteur ?* », lui lançait vigoureusement sa mère, feignant de ne pas comprendre qu'elle voulait quitter le nid pour un ailleurs plus prometteur. Ne voulant pas la laisser

9. Plateforme de l'Action sanitaire et sociale Auvergne : « Les jeunes en milieu rural en Auvergne », 2015.

partir, elle aurait tout tenté. Son arme favorite ? Montrer cet autre monde comme hostile, en pointant notamment les violences, la délinquance, et l'absence de proches dans les environs. « *Je le voyais autour de moi, c'était l'attachement à mon village qui pouvait me causer le plus de tort*, reprend-elle. *Rester, cela voulait dire vivre avec peu de moyens tant les possibilités d'emploi sont limitées au-delà de la mairie. À moins de trouver un poste dans une petite ville pas très loin, du genre Lodève. Mais qui dit que j'aurais eu les moyens de m'acheter une voiture potable et l'entretenir pour faire 20 minutes aller puis 20 minutes retour chaque jour ?* » Pour ne pas s'enfermer et ne connaître qu'une vie de femme au foyer, tant les solutions de garde étaient réduites, Tristane a fait le choix d'une autre vie, d'ignorer ses attaches même si elle aurait préféré les honorer. « *Un jour, je reviendrai*, assure-t-elle. *Mes parents n'y sont plus parce qu'ils commencent à vieillir et que je les ai convaincus de se rapprocher de toutes les commodités mais je sais que ma maison, c'est avant tout là-bas, à Roqueredonde. Quand une vie sera possible là-bas, pour les femmes, mais aussi pour les hommes, pour des familles entières, j'y reviendrai parce qu'on ne quitte jamais définitivement un coin de paradis. Surtout quand on le sait dans le besoin.* »

Alors, comment mettre en place les conditions d'un retour ? Les propositions ne manquent pas. Parmi les rapports les plus médiatisés pour répondre à cet immense défi, on trouve la « Mission orientation et égalité des chances dans la France des zones rurales et des petites villes. Restaurer la promesse républicaine » menée par Salomé Berlioux, présidente de l'association Chemins d'avenirs. Avec des propositions particulièrement hors sol, des coquilles vides, telles que l'organisation d'une « *campagne de promotion des parcours des territoires* » pour « *promouvoir les talents* » par la production de vidéos courtes contenant de nombreux témoignages, la « *sensibilisation de l'entreprise à la diversité des territoires* » ou encore « *intégrer la dimension territoriale dans les démarches d'ouverture sociale des grandes écoles* ». Bref, autant de propositions qui ne changeront en rien la situation exposée précédemment, et qui n'apporteront aucune réponse concrète aux défaillances qui chaque jour polluent le quotidien des campagnes. Au mieux, ces propositions peuvent être qualifiées de ripolinage charitable. Mais cette France meurt de ces fausses bonnes idées, de ce paternalisme déconnecté, qui la maintient le bec dans l'eau depuis de longues décennies. La rendre présentable aux yeux des citadins ou des entreprises, par ces actions de « *promotion* » sur les réseaux sociaux ou sur d'autres terrains, n'y changera rien.

D'autres préconisations sont bien plus sérieuses. Comme celle, émise par le CESE en 2017, d'élaborer des espaces dédiés à l'innovation pour les jeunes nommés « *campus ruraux de projets* ». Ce projet, selon la description du Conseil, pourrait s'appuyer sur un lieu « *déjà existant ayant compétence en ingénierie de projet (pilotage, programmation, planification, évaluation, etc.)* » et serait dédié à la création d'activités économiques, sociales, de projets citoyens, culturels, festifs et ludiques. « *Il s'agirait, selon les territoires, soit de la création d'un lieu, soit de l'exercice de cette mission d'animation et de portage des projets par une structure locale existante, relais des différents acteurs et permettant de mutualiser leurs actions dans une démarche transversale.* » Sa vocation : contribuer à la vitalité du territoire par les projets de jeunes de 16 à 29 ans. D'autre part, il recommande également de créer une « *labélisation des structures dirigées par des jeunes* », qui permettrait une facilité d'accès aux financements et une meilleure visibilité de leurs actions pour mieux les développer. Des préconisations qui n'ont pas été reprises par le gouvernement mais qui l'ont été par les acteurs de terrain. Dans les Deux-Sèvres, les élus de la communauté de communes de Parthenay-Gâtine ont réfléchi au mois d'août 2018 au lancement d'un Campus rural de projets dans le village de Ménigoute (861 habitants), finalement inauguré à l'automne 2019, avec trois antennes, pour constituer un maillage consistant, situées dans des villages alentour : Parthenay, Secondigny et Thénezay. « *C'est un service public dédié à la jeunesse*, se vante la collectivité. *Le but de ce projet est d'aider les jeunes et de pouvoir les garder sur le territoire, voire d'en attirer davantage.* » Denis Thibeaudeau est référent jeunesse au centre socioculturel du pays Ménigoutais. Avec d'autres, il anime ce fameux Campus de projets. « *La question qui a précédé ce lancement c'était : que fait-on des oubliés qui ont plus de 17 ans ?* », rapporte-t-il. La situation, dans cette aire qui réunit 11 communes et près de 5 000 habitants au total, est catastrophique. S'il existe une certaine activité économique sur ce territoire, les entreprises n'embauchent pas. « *Les employeurs, ici, ce sont deux maisons de retraite. Après, il y a des maçons, des menuisiers... Mais ils se suffisent à eux-mêmes.* » Il a donc fallu réagir avec cette structure qui se concentre sur deux axes. Répondre aux problèmes de mobilité, dans un premier temps en aidant ces jeunes à passer leur permis de conduire, puis leur donner les clés pour devenir des acteurs de leur vie et de leur secteur. « *En règle générale, les qualifications des jeunes ne vont pas beaucoup plus loin que le niveau bac*, décrit-il. *Une fois leurs courtes études terminées, ils perdent toute confiance en eux, se pensent incapables. Ils viennent me voir et me disent : "Denis, je n'ai aucun savoir, aucune compétence." Ce qui est faux, évidemment. Alors, désabusés, désespérés, ils geekent devant leur ordinateur. Mon travail, et la mission de ce campus, c'est celui de leur faire prendre conscience de toutes leurs possibilités, d'impulser une énergie.* » Avant de fréquenter ce campus, ces jeunes ont quasiment tous pratiqué les halls de Pôle emploi, ses convocations, ses machines, l'appel froid quand vient leur tour, et ces conseillers souvent trop débordés pour suivre des individus qui ne se situent pas très bien eux-mêmes. « *Pôle emploi ou les missions locales ne répondent pas à leurs attentes. Ces jeunes-là ont besoin d'une écoute prolongée, de clés concrètes, d'espoirs concrets* », poursuit l'animateur. Pour eux, Denis Thibeaudeau comme tous les autres responsables de ce campus, ont plusieurs projets. Développer les collaborations avec les micro-entreprises locales, nombreuses, se servir du chantier d'insertion en maraîchage bio du coin comme d'une passerelle vers l'intégration, et les amener à créer leur propre entreprise ou leur association tout en les accompagnant. « *75% des jeunes du pays Ménigoutais, qu'ils soient inactifs ou en études à Poitiers, à 30 kilomètres d'ici, sont engagés dans des associations et sont parfaitement intégrés*, note-t-il. *Il y a tout de même une volonté de se mobiliser pour la communauté. Quand on est d'ici, on ne vit pas que pour soi, même s'il y a forcément la tentation du repli quand rien ne fonctionne comme on le voudrait.* » En quelques mois d'existence, bien que ralenti par les différents confinements, le Campus a donné quelques résultats. Une poignée de jeunes ont obtenu leur permis, élaboré des CV séduisants, trouvé un emploi à quelques kilomètres de chez eux et d'autres ont monté leur structure. Deux juniors associations ont vu le jour. L'une pour autofinancer divers séjours vers des contrées inexplorées par ces jeunes, Paris ou le bassin d'Arcachon pour le moment, et une autre pour organiser un festival annuel du jeu. « *Jeux d'antan, de cartes, sportifs... Tout!* », décrypte Denis. La première édition est en préparation. Il est, lui-même, une pièce rapportée. Il n'est pas du cru, mais de Bressuire, village du même département. Venu pour « *deux mois* », il y a quinze ans, comme il l'a promis à ses amis, il y est finalement resté. « *Il y a un côté familial qu'on ne veut plus quitter. Quand on a un pied dans une famille, on a envie de l'encourager pour qu'elle donne le meilleur. Il y a tellement de choses à faire ici. Et chaque jour, des rencontres nous poussent à aller toujours plus loin. Des historiques de la commune comme des Parisiens fraîchement arrivés. On a besoin de tout ça, et de bien plus de choses encore, pour trouver une nouvelle énergie.* »

Cette énergie, les campagnes en ont un besoin vital. Si les secteurs dans lesquels ces jeunes ont des compétences sont sinistrés, à eux de les relever à leur échelle, de les réinventer pour créer un nouveau demain à partir de leurs valeurs, de leur créativité, de leur envie, dans un bassin à taille humaine sécurisant et porteur. En termes de potentiel comme de sens.

C'est ce qu'a voulu faire Mickaël, 26 ans. Petit-fils d'agriculteur des Pyrénées-Orientales, il a voulu reprendre le flambeau. Mais à sa manière. « *Mon projet, c'était de tout faire proprement. Pas de traitements, pas d'engrais, pas de machines,* résume-t-il. *Produire moins mais produire mieux.* » Il y a trois ans, il achète un terrain en friche, avec quelques économies gagnées par son labeur, pour le remettre complètement en état et lancer sa production de fruits et légumes. Il passera deux ans à le « *bêcher à la main* » puis à le « *nettoyer* » avant de planter ses premières graines. Fin 2019, il récolte ses premiers fruits qu'il s'emploiera ensuite à vendre. Avant cela, il lui a fallu déclarer son affaire pour pouvoir fréquenter les marchés des villages alentour, mais il s'est heurté à un nombre infini de démarches administratives à effectuer, et autant de règles absurdes, qui lui ont fait perdre beaucoup de temps et d'énergie. Même chose au moment de demander une aide au lancement. « *Je devais justifier d'un bac + 2 que je n'ai pas*, se désole-t-il. *Pourtant, j'ai un savoir-faire et un projet construit dont on peut déjà observer les premiers résultats, mais il faut absolument que je justifie d'un bout de papier pour bénéficier de petits versements qui me permettraient de ne pas perdre espoir.* » À l'été 2020, première grosse saison, il fait ses comptes. Au total, le jeune agriculteur a réussi à empocher près de 2 000 euros. Pas suffisant pour se verser un salaire. « *Même avec toute la bonne volonté du monde, c'est difficile de tenir bon et de persévérer. Ne pas me payer, je m'y étais préparé, c'est pour cela que je suis resté chez mes parents le temps que ça se lance. Le problème, ce sont plutôt les bâtons que l'on met dans les roues des jeunes comme moi qui veulent développer une façon nouvelle de fonctionner.* » Parti de rien, avec comme atouts deux bras et un certain idéalisme, le jeune homme commence à se décourager. Pour toutes ces raisons, mais pas seulement. Parfois, la « *mentalité* » du moment lui pèse. « *Les gens se sont habitués à aller au centre commercial, quitte à faire de la route, ou à commander sur Internet. Ces comportements dictent aussi leur attitude avec des gens comme moi. Ils m'appellent, me commandent une cagette de tel ou tel produit, puis je n'ai plus de nouvelles pendant deux mois. Avant qu'ils me rappellent pour me demander une salade pour le lendemain. Sauf que mon agriculture, ce n'est pas un commerce en ligne. J'ai voulu me lancer pour promouvoir une nouvelle façon de travailler et initier une autre manière de consommer en proposant des produits de qualité à bas prix. Mais les gens n'ont pas l'air prêts pour ça.* » Fatigué, il pense déjà à des voies complémentaires ou alternatives. Pourquoi pas un petit boulot, « *un chantier ou quelque chose comme ça* ». C'est comme cela que des chances de vie pour ces territoires disparaissent, en même temps que leurs porteurs, abattus par le poids des normes et découragés face à la culture de l'individu consommateur. En attendant, Mickaël a tout du Martin de Georges Brassens (*Pauvre Martin*, 1953), en particulier courage et dignité : « *Avec une bêche à l'épaule, avec, à la lèvre, un doux chant, pour gagner le pain de sa vie, de l'aurore jusqu'au couchant.* » Même s'il existe ce risque que son destin ne rejoigne celui de Martin, décrit à la fin de cette chanson, creusant lui-même la tombe de ses espoirs, « *en faisant vite, en se cachant, pour ne pas déranger les gens* »… Ce serait terrible. Pour lui comme pour son territoire.

Du dépeuplement au repeuplement

Nous l'avons vu, les campagnes connaissent, encore aujourd'hui, une fuite de leurs forces vives. Jeunes, familles, commerçants, entreprises plus ou moins grandes… Tous acteurs d'un tableau qui, chaque jour, s'effrite. Avec la peur qu'un jour il ne s'effondre. Les plus pessimistes verront là un monde qui se termine, mis à terre et achevé par l'hypermodernité dont les normes ont été pensées et façonnées par et pour les grandes villes. Il est vrai que cette question se pose : comment vivre en 2021 dans un espace que beaucoup disent resté coincé, au mieux, en 1960 ? Faire sienne cette question et prendre son message pour argent comptant revient pourtant à ignorer une réflexion de plus en plus populaire chez les universitaires spécialistes de ces territoires. Et si les villages, leur mode de vie comme leurs valeurs, constituaient un avenir. Pas n'importe lequel : un avenir viable. Et, par ailleurs, une certaine idée, positive, de la modernité ?

À ce propos, il est un homme particulièrement inspirant. Guillaume Faburel est professeur à l'université Lyon-II. En 2020, dans un essai au titre équivoque, *Pour en finir avec les grandes villes. Manifeste pour une société écologique post-urbaine* (Éditions Le Passager Clandestin), celui-ci trace un chemin nouveau. Mais, avant, il y a ce constat, directement attaché à la pandémie de Covid-19 : « *Qu'y a-t-il de commun entre les régions d'Île-de-France, du Grand Est, d'Auvergne-Rhône-Alpes, des Hauts-de-France et de Paca, c'est-à-dire celles qui ont cumulé au plus fort de l'épidémie près de 80% des cas en France ? La réponse est analogue : ce sont les régions qui comptent les aires urbaines les plus peuplées du pays.* » Selon lui, la cause principale du « *développement* » et de la « *diffusion* » du Covid-19 est à trouver dans l'urbanisation croissante de la terre. Une urbanisation qui a d'autres tares, comme celle d'épuiser « *l'environnement écologique* » dans lequel elle se déploie. « *Elle y exploite l'intégralité des ressources naturelles, colonise la totalité des espaces plus ou moins proches* », prolonge-t-il. Face à cela, certains résistent, tant bien que mal, dans les grandes métropoles, en verdissant des rues aléatoirement. D'autres quittent « *ces vortex territoriaux* », bien décidés à « *se désaliéner* » de l'hyperdensité et de « *l'artificialité urbaines* ». Il détaille : « *Face à l'arrachement à la nature des modes de vie urbains, face à l'homogénéisation sociale des peuplements métropolitains, en proie à la saturation totale de nos propres existences, il s'agit pour nous de nous retirer de ce jeu qui, très sournoisement, nous a purement et simplement dépossédés de toute capacité d'agir directement pour la mise en place d'un bien-vivre écologique quel qu'il soit.* » Nous ? Les urbains, les citadins en quête d'oxygène, qui pourraient venir aider à relever les campagnes. Un mouvement d'utilité publique, mais qui doit être conditionné à un « *déconditionnement* ». Concrètement, au fait de rompre complètement avec le modèle des métropoles : « *Celui de décoloniser nos imaginaires de la performance et de l'abondance, de l'opulence et de l'obsolescence, pour ne pas soi-même faire œuvre de colonialité*[1] ». Et donc plaquer les codes urbains, et une certaine façon de vivre, sur la ruralité, qui a besoin de forces plutôt que de maîtres.

Dans un entretien accordé à *Marianne* en octobre 2020, Christophe Guilluy, géographe dont nous avons longuement parlé dans les chapitres précédents, voit pour sa part dans cette possibilité une simple représentation d'« *états d'âme de CSP+* » imaginant du haut de leur citadelle le « *monde d'après* ». Il s'indigne : « *On a la majorité de la population, on voit leurs problèmes, et on va se préoccuper de savoir si oui ou non on va vivre ou non en dehors de Paris, Lyon, Toulouse, etc. D'ailleurs, un cadre supérieur va acheter une résidence secondaire mais il ne s'installera pas. En termes de changement de mode de vie, ça n'influe en rien sur la société*[2]. » Si la première partie du raisonnement est difficilement contestable, notamment en voyant la couverture niaise et béate de certains médias, et donc d'une certaine classe sociale, à propos d'une campagne qu'ils se voyaient déjà conquérir pour en faire plus que leur jardin d'été, il reste difficile d'imaginer la ruralité se relever seule, sans acteurs nouveaux. Il s'agirait d'apporter un surplus d'énergie, qui manque tant aujourd'hui à ces territoires et que peut amener ce mouvement de population, mais surtout de faire un pas vers un nécessaire repeuplement des campagnes. Produire localement dans un objectif de circuit

---

1. Kévin Boucaud-Victoire – « En finir avec les grandes villes : issue indispensable pour une société écologique ? », [en ligne], marianne.net, novembre 2020.
2. Christophe Guilluy – « Les gens ordinaires sont majoritaires, ils peuvent renverser la table », [en ligne], tv.marianne.net, octobre 2020.

court est une chose, mais sans habitants, qui consommera ? Créer des emplois, que ce soit par la main de l'État ou des initiatives de terrain, en est une autre, mais qui remplira ces missions, si d'éventuels renforts et volontaires sont repoussés pour leur classe sociale ou leurs origines trop urbaines ? La question n'est pas la nature de ces arrivants, mais plutôt leurs intentions. Veulent-ils plaquer leur vie d'avant, leur culture comme leurs habitudes, dans cette vie d'après, au risque de brusquer toute une population sur leur passage ? Ou, au contraire, veulent-ils s'investir dans une expérience qui dépasse leur personne et se fondre dans un cadre qui a son histoire, ses spécificités et sa culture ? Faire le choix de la ruralité est un engagement. Dans les villages, Picards comme Occitans, pour ne citer qu'eux, nous répètent à l'envi cette mise en garde essentielle : « *Chez nous, on ne se sert pas, on sert.* » Et viendront des résultats que l'on espère positifs et qui profiteront à toute la communauté de vie.

Mais avant, encore faut-il que les urbains franchissent le pas et viennent s'installer dans les campagnes. Chaque année, différents sondages réalisés autour de leurs désirs d'ailleurs en viennent aux mêmes conclusions. Dès 2011, par exemple, un sondage BVA/*20 Minutes* indique que, même si les Français habitent en grande majorité en ville (presque 60 % d'entre eux vivent dans des communes de plus de 20 000 habitants), ils sont pourtant 65 % à préférer, dans l'idéal, une vie à la campagne. « *La campagne, parce qu'elle paraît immuable et moins stressante, paraît aussi plus apaisante et plus rassurante que la ville, elle-même plus anxiogène*, observent les sondeurs. *Or, en pleine crise, les Français aspirent d'abord à être rassurés et réconfortés. Sans doute, la vie à la campagne répond davantage à cette aspiration que la vie en ville.* » En octobre 2018, un sondage Ifop cette fois présente un chiffre encore plus fort : 81 % des Français considèrent la vie dans les villages comme « *la vie idéale* », citant notamment la qualité de vie, le calme, la nature et le faible coût de la vie comme principaux atouts. Dans ce même sondage, on apprend que 60 % des Français déclarent que, s'ils devaient créer une entreprise, ce serait en milieu rural. Rien d'étonnant, nous direz-vous, d'autant qu'en 2007, dans une tribune parue dans *Le Monde*, le philosophe Edgar Morin disait à peu près les mêmes choses mais sans aucun autre échantillon que son regard, invitant ses concitoyens à « *renverser la course du plus, au profit d'une marche vers le mieux, et s'inscrire dans une action continue en faveur de deux courants amorcés qu'il faut développer : la réhumanisation des villes et la revitalisation des campagnes. Cette dernière comporte la nécessité de réanimer les villages par l'installation du télétravail, le retour de la boulangerie et du bistro* ».

Mais alors, qu'est-ce qui les empêche de faire leurs valises ? Là aussi, ce sondage est riche en enseignements. Aux yeux de l'ensemble des Français, leur éventuelle installation est avant tout conditionnée par la présence de services publics (70 %), mais aussi d'offres d'emplois et de transports suffisants (62 % et 54 %). Des exigences encore loin d'être comblées mais sur lesquelles les communes travaillent. Pas seulement pour les attirer mais pour proposer des conditions de vie décentes à ceux qui ont fait le choix de rester. Même si, la question la plus complexe à appréhender reste celle de l'emploi. Dans ce sens, on a espéré que le Covid-19 ait au moins la politesse de nous aider à installer le télétravail, mentionné par Edgar Morin, comme un outil d'avenir, pour les entreprises comme pour leurs employés, mais surtout pour ces territoires, qui pourraient ainsi voir un certain nombre de personnes débarquer ordinateur à la main. Télétravailler permettrait en effet, pour les concernés, d'accéder à un mode de vie plus sain, de conserver un emploi garanti et de s'engager, sur son temps libre, dans la commune choisie comme point de chute (dans des commerces associatifs, par exemple, ou dans un club de sport). Ce qui aurait le mérite de faire prospérer quelques structures existantes, voire d'en faire naître à moyen ou long termes, qui elles-mêmes, nous pouvons l'espérer, créeraient des emplois.

Le premier confinement pour cause de pandémie de Covid-19 au mois de mars 2020 a été une sorte de test grandeur nature expérimenté par un grand nombre de citadins, en particulier les Parisiens. Selon l'Insee[3], qui s'est intéressé à ces mouvements sur cette période, Paris *intra-muros* a vu sa population diminuer de 580 000 à 610 000 personnes. Selon l'institut, 40 % de ce chiffre représente le nombre de personnes qui sont allées s'installer temporairement dans un autre territoire. Parmi les points de chute les plus populaires, on trouve le département de l'Orne dont la population totale a augmenté de plus de 10 % sur cette période. Un boum qui s'est prolongé au-delà du premier confinement, à en croire son président, Christophe de Balorre : « *On mesure une augmentation de la population. Par exemple dans les collèges du département nous avions, d'après les statistiques de l'Éducation nationale, une prévision de rentrée avec une perte d'environ 150 élèves… En fait, en septembre, on a constaté une progression d'un peu*

3. Insee – « Population présente sur le territoire avant et après le début du confinement. Premiers résultats », avril 2020.

plus de 250 élèves. Ce qui ne nous était pas arrivé depuis longtemps[4]. » Autre indicateur, selon l'élu, « *les artisans qui sont de plus en plus sollicités, les agences immobilières qui rencontrent une augmentation très sensible des demandes de visites. On sent plus qu'un frémissement, une reprise d'activité forte* ». Un phénomène qu'il explique très simplement, selon lui : « *Beaucoup de résidants secondaires ont passé leur période de confinement dans l'Orne et un certain nombre ont souhaité franchir le pas et trouver du travail dans le département. Ils ont une envie de vivre différemment, autrement, de changer de rythme.* » Pour accentuer ce phénomène au-delà de la seule rentrée 2020, le président du Conseil départemental ajoute mener désormais une « *bataille du Net* ». « *Si on veut accueillir de façon satisfaisante une population nouvelle, exigeante, il faut absolument que le département soit équipé en haut débit et nous avons lancé un vaste programme d'investissement avec pour objectif que tous les Ornais puissent avoir accès à la fibre optique.* » Aujourd'hui, la moitié du département est couverte. L'objectif est de déployer la fibre sur tout le reste de son territoire pour le rendre fonctionnel au télétravail et donc à l'accueil de nouvelles populations.

Le télétravail est un enjeu, mais il n'est pas le seul. Placer le curseur uniquement sur les cadres à la recherche d'un peu de vert serait oublier une grande partie du sujet. Car les prémices d'un repeuplement sont déjà là, et c'est loin d'être grâce aux CSP+, mais, étonnamment, aux urbains les plus pauvres. Selon les données de la Délégation interministérielle à l'aménagement du territoire et à l'attractivité régionale (Datar), s'intéressant à l'évolution démographique du pays

4. RTL Matin, septembre 2020.

tout entier, entre 1999 et 2006, certains territoires ont retrouvé des couleurs, en particulier dans le Sud-Ouest, le Nord-Ouest et dans le Sud-Est. Cela en raison des prix de l'immobilier, à la location comme à l'achat, qui font fuir une bonne partie des populations des villes et leurs banlieues vers les campagnes. Le logement est, par cette tendance, devenu un des postes majeurs dans des budgets familiaux contraints, en représentant parfois la moitié et entraînant de fait leur pouvoir d'achat vers le bas. C'est pourquoi de nombreuses familles, fortement affaiblies, ont tenté de réduire cette note en déménageant dans des zones plus accessibles. Les coûts d'acquisition et les loyers étant moins élevés en zone rurale. D'autant que, ces dernières années, ils ont augmenté moins vite que dans les agglomérations. Depuis la fin des années 1990, les migrations d'urbains jusque dans le « *rural profond* » augmentent donc de plus en plus. Et cela bien que le parc rural ait été, à ce moment-là, vétuste et difficile à chauffer. Depuis, des évolutions importantes sont à relever sur ces points-là, jusqu'à faire que ce parc paraisse attractif pour des familles modestes qui espèrent une vie moins difficile à supporter.

Antoine Gomes, 42 ans, a fait ce choix. Avec sa femme, Alexia, et ses deux filles, âgées de 14 et 16 ans, ils ont décidé de tout quitter pour rejoindre la vie rurale. Depuis l'arrivée du couple en France, en provenance du Portugal, main dans la main, à l'automne 1994, pour rejoindre la région parisienne et Montreuil (Seine-Saint-Denis), où ils habiteront jusqu'en 2017, leur vie n'était que besogne, travail et efforts. Les deux exercent la même profession, agents d'entretien dans des bureaux parisiens. « *Travailler, ce n'est pas un problème tant que l'on trouve son compte*, commence monsieur. *Je n'ai jamais trouvé cette mission dégradante, au contraire. Nettoyer, c'est mettre nos voisins dans les meilleures conditions pour qu'ils fassent bien leur travail. Le problème, il est plutôt à côté.* » Par « *à côté* », il faut comprendre les dépenses contraintes. Les charges, le loyer, les emplettes alimentaires hebdomadaires, les coûts des études à venir de leurs filles qu'ils espèrent voir s'élever très haut. « *On vivait, on vivait bien,* enchaîne Alexia. *Mais on ne pouvait rien faire d'autre que vivre. Manger, c'est le principal. Mais si, à côté, votre principale possibilité est de payer pour payer, ça ne vous mène nulle part.* » Pour 47 m^2, la famille réglait chaque mois 1 090 euros de loyer, charges comprises. « *Sur 2 400 et quelques euros de revenus à deux, ça fait beaucoup* », commente madame. À partir de 2015, et « *la vague d'attentats* », précise Antoine comme marqueur chronologique précis, ils se mettent en tête de quitter cette « *vie de dingue* ». Ce rythme, ces charges, cette pression aussi due au risque terroriste. Tout cela, ils voulaient le troquer contre du calme. Deux ans plus tard, les voilà partis pour un petit village du Cher dont ils veulent taire le nom pour « *éviter les jalousies, les remarques et les regards indiscrets* ». Aujourd'hui, Alexia suit une formation pour devenir secrétaire. Et Antoine travaille dans les espaces verts pour une municipalité. Leurs filles, elles, poursuivent leur parcours avec une réussite qui rend fiers leurs parents. « *Ce n'est pas facile tous les jours,* tempère Antoine Gomes. *Nous n'avons pas grand-chose à proximité, il nous faut prendre la voiture pour un rien. Pour faire des courses, poster une lettre, amener nos enfants au sport… Et ma plus grande fille va certainement devoir s'éloigner de chez nous pour suivre des études. Mais, financièrement, nous nous y retrouverons, je veux le croire. Ce n'est pas encore la joie, mais quand nous aurons tous les deux un emploi, nous pourrons enfin envisager une vie plus sereine et un futur pour nos enfants.* » Refuge vital ou mirage fatal ? La question n'a pas encore véritablement de réponse, même si le couple préfère l'optimisme à l'inquiétude. D'autant qu'ils se plaisent dans ce village qui les a vite acceptés. « *Nous sommes dans une sorte de carrefour de notre vie*, image le père de famille. *Si les éléments font que nous accédons à la stabilité, notamment par l'emploi, nous sortirons gagnants de ce pari. Si ce n'est finalement pas le cas, nous savons que ça peut être très difficile.* » Avec le risque qu'une sorte de trappe se referme sur eux. Bouclés dans leur pavillon en location sans ressources disponibles, donc sans capacité de se déplacer sans engendrer des coûts raisonnables pour leurs poches, et donc sans service à proximité. Avec, dans leurs bras, leurs enfants à l'horizon bouché. Le rêve vert se transformerait alors en un noir cauchemar.

Car la ruralité peut aussi être un piège. Et ce malgré le déni de quelques-uns, comme Louis Maurin, directeur de l'Observatoire des inégalités, pour qui dire que le rural est pauvre est cultiver une « *vision misérabiliste* » de cette France. « *On surestime la pauvreté en milieu rural parce que, visuellement, elle prend plus de place sur une carte. Lorsqu'on tient compte de la densité de la population, on voit bien que les pauvres vivent surtout en ville et en périphérie proche* », avance-t-il auprès d'*Alternatives économiques* en mars 2019. Ajoutant : « *Les banlieues sont moins favorisées que le périurbain et, dans une moindre mesure, le rural. Ceci n'empêche pas qu'il y ait des difficultés à l'extérieur des villes bien sûr, mais il ne faut pas en faire des martyrs non plus.* » Sauf que les données officielles disent tout le contraire. Le dernier rapport ministériel sur la question date quelque peu mais la dynamique reste la même aujourd'hui d'après les acteurs de terrain. Dans *Pauvreté, précarité, solidarité en milieu rural*, rédigé en 2009, l'Inspection générale des affaires sociales (Igas) écrit que, même si « *les situations ne sont pas identiques selon le degré d'enclavement des territoires ruraux, la densité et la nature de leur tissu économique, le dynamisme de leur démographie* », « *le taux de pauvreté monétaire moyen dans l'espace rural en 2006 est de 13,7 %, contre 11,3 % dans l'espace urbain* ». Et de conclure : « *Les ruraux sont donc en moyenne plus souvent pauvres.* » D'autant que, dans plus d'un tiers des départements de France métropolitaine, le taux de pauvreté dans la population rurale dépasse 19 %.

Plusieurs catégories de ruraux sont concernées. En premier lieu, on trouve beaucoup d'agriculteurs « *dont l'exploitation dégage peu de revenus* », des personnes victimes de la désindustrialisation, des personnes âgées à faible revenu isolées et mal logées ainsi que des jeunes sans qualification et parfois en rupture familiale. Puis, en second lieu, les néoruraux installés à la campagne pour des raisons de coût du logement, comme la famille Gomes, confrontés à des difficultés à la fois financières et liées à l'isolement. À ce propos, l'Igas note : « *Pour les publics concernés, le milieu rural a parfois été idéalisé, sans prise en compte suffisante des problèmes de mobilité (coût du transport, ou accès à des transports collectifs), d'organisation de garde d'enfants, de rareté de l'emploi, d'accès à divers services et notamment au logement très social.* »

Pour les uns comme pour les autres, classes dites « supérieures » ou « populaires », il est donc urgent de travailler sur deux points : l'emploi et, nous en avons parlé, les services. Concernant le premier chantier, les campagnes ne partent pas de zéro. Les chiffres l'indiquent. En valeur relative, on observe que le déséquilibre entre les villages et la ville n'est plus si grand qu'on le dit. Aujourd'hui, la part d'emplois en milieu rural est même légèrement supérieure à la part de population, ce qui n'est pas le cas en ville[5]. Notons d'ailleurs que les emplois se font plus nombreux au fil des années. Entre 2008 et 2013, selon une étude du Centre d'études et de recherches appliquées au Massif central, à la moyenne montagne et aux espaces fragiles (Ceramac[6]), le nombre d'emplois en zones peu ou très peu denses a augmenté de 1,73 %, ce qui reste très peu, mais bien plus que dans les zones urbaines (+ 0,14 %). Une raison de croire au fait que le rural n'est pas condamné à être exclusivement le support résidentiel de citadins délocalisés. Au contraire, il apparaît même que les campagnes peuvent s'imposer, à terme, comme un espace d'activités en développement. En clair, un pari sur l'avenir.

Les ruraux eux-mêmes ne disent pas le contraire. D'après un sondage Ifop (Territoires ruraux : perceptions et réalité de vie, 2018), bien qu'une bonne partie des Français « *partagent les représentations déclinistes de la ruralité* », les habitants de ces zones du territoire national ont une vision bien plus positive de leur environnement. Même s'ils se disent « *abandonnés* » par les pouvoirs publics, dénonçant le fait de ne pas « *bénéficier de l'action et de la présence des pouvoirs publics* », plus de neuf sur dix sont satisfaits d'y

5. Délégation interministérielle à l'aménagement du territoire et à l'attractivité régionale (Datar) – « Évolution démographique des bassins de vie », 2006.

6. Laurent Rieutort et Éric Langlois – Centre d'études et de recherches appliquées au Massif central, à la moyenne montagne et aux espaces fragiles, 2016.

vivre, et six sur dix jugent d'ailleurs la ruralité « *dynamique* », « *attractive* », et en plein « *renouveau* ». Presque autant (53 %) la voient même comme « *moderne* ». C'est bien la preuve qu'il s'y passe quelque chose, que les indices d'un rebond de ces espaces sont manifestes. Il faut seulement espérer qu'ils soient convertis en actes concrets et en avancées manifestes.

Vers la remise en question de la suprématie des villes ?

L'exode rural a asséché les villages au profit des villes. Entre le XIXe siècle et le début de la décennie 1970, on estime à 12 millions le nombre de personnes qui ont quitté la ruralité pour la ville pour différents motifs, le plus souvent économiques. Soit quelque 70 000 personnes en moyenne par an. Près de cinquante ans plus tard, peut-on espérer un mouvement inverse qui mettrait fin à la toute-puissance des villes au profit des villages ? Dans une moindre mesure, depuis près de quarante ans, un peu plus de 5 millions de personnes ont fait le chemin inverse (250 000 personnes par an, en moyenne), d'après l'enquête menée par Pierre Merlin, professeur émérite à l'université Paris-I (Panthéon-Sorbonne) et président de l'Institut d'urbanisme et d'aménagement de la Sorbonne. Dans son ouvrage *L'Exode urbain. De la ville à la campagne*, paru à la Documentation française (2009), celui-ci observe plusieurs choses. En premier lieu, il estime que l'exode rural n'est pas complètement terminé, bien sûr. En effet, selon l'Insee, des régions comme le Limousin ou la Champagne-Ardenne ont enregistré des baisses de population de l'ordre de

10 % entre 2009 et 2014. Mais il affirme qu'aujourd'hui ceux qui quittent la ville sont plus nombreux que ceux qui quittent la campagne. Un phénomène qui concerne au premier chef des ménages avec enfants. Seulement, c'est sa deuxième observation, ces populations en migration ne changent pas pour autant de façon de vivre mais viennent en quelque sorte étaler le mode de vie urbain au-delà des frontières de la ville. Il écrit : « *On définira l'exode urbain comme le processus de départ de citadins vers des communes rurales [...] sans que ce départ s'accompagne d'un changement de style de vie ni, le plus souvent, d'un changement d'activité, voire d'emploi.* » Car, selon lui, la motivation principale des urbains pour rejoindre la campagne n'est pas forcément d'adopter son mode de vie ou de se fondre dans un cadre, en contribuant à son développement, qui n'est à l'origine pas le sien, mais seulement d'accéder au Graal : la maison individuelle. Un choix souvent maquillé d'un discours sur la qualité de vie en milieu rural. De belles paroles vite contredites par les faits : ces nouveaux résidants restent davantage tournés vers la ville que vers leur environnement « *naturel et humain* » d'adoption. Une attitude qui, loin d'affaiblir la ville, bien que quelques villes moyennes connaissent quelques difficultés (Mulhouse, Roubaix, Saint-Étienne, Mâcon...), affirme la domination de l'urbain sur le rural. En effet, si les villages préservent leur démographie, ces derniers sont gagnés par les codes urbains, allant jusqu'à faire s'entremêler villes et campagnes dans une seule et même soupe. Certains, à l'image d'Éric Charmes, chercheur en études urbaines à l'université de Lyon et auteur de *La Revanche des villages, essai sur la France périurbaine* (Le Seuil, 2019), estiment qu'il s'agit là de la « *principale source*

de dynamisme des campagnes », et qu'il faut donc s'en réjouir. « *Les villages qui connaissent la croissance démographique la plus remarquable sont généralement en cours de périurbanisation, en train d'entrer dans le champ d'attraction d'une ville et d'en devenir les satellites* », analyse-t-il. Et de compléter : « *Les retraités qui s'installent à la campagne peuvent bien cesser de fréquenter les villes et revendiquer un mode de vie rural, il n'en reste pas moins que les capitaux qu'ils mobilisent pour vivre ont généralement été accumulés dans une métropole.* » Certes. Alors, doit-on décréter un match nul ? Conclure que tout le monde a gagné ? Ce serait trop simple. Au contraire, dans ce cas de figure, les premières perdantes sont les campagnes, définitivement dissoutes dans l'estomac urbain.

Par le mouvement des Gilets jaunes, nous avons pu constater un certain nombre de refus. D'abord, celui du néolibéralisme et, surtout, de ses effets. Dont, en particulier, la détérioration des conditions de vie dans les territoires les plus éloignés des grandes métropoles. Au-delà du simple aspect économique, ces manifestants ont aussi occupé l'espace culturel en refusant l'uniformisation des modes de vie calqués sur l'esprit urbain et hérités de la mondialisation : individualisme, consommation à outrance, dictature de la connexion, identités locales gommées… Ce constat, largement observé dans les villages traversés, comme dans les rassemblements de Gilets jaunes, a aussi été relevé par un certain nombre d'intellectuels sans être forcément combattu, au contraire. En témoigne, ce trait tiré par le géographe Jacques Lévy pour qui « *le rural n'existe plus* ». Dans une interview accordée à *Agrobiosciences* en 2014, il développe : « *Nous assistons à un double achèvement avec, d'un côté, une population totalement urbanisée et, de l'autre, un épuisement du réservoir des campagnes. Bien évidemment, il y aura toujours des agriculteurs et une agriculture très certainement prospère. Mais la notion de société rurale, elle, sera vidée de son sens.* »

Les mots du géographe sont forts. Et il n'a pas tout à fait tort quand il martèle que « *nous sommes entrés dans la civilisation urbaine*[1] ». Mais peut-être un peu hâtive. Car c'est justement face à cette évolution qu'une grande part des Gilets jaunes, venus eux des villages, se sont dressés, certains que cette conquête urbaine peut encore être arrêtée. Car, en plus de les priver du droit de vivre dignement, voilà que leurs particularités sont effacées par l'air du temps, un sort qu'il leur faut en plus accepter sans dire un mot plus haut que l'autre. Jusqu'à l'occupation de quelques ronds-points, ce réveil bienvenu. En Espagne, sans Gilets jaunes et sans coups de sang, une poignée de ruraux portant la même colère ont réagi à ce diktat en organisant un événement d'un genre particulier : la journée universelle de la fierté rurale. Sa première édition, en novembre 2019, a été l'occasion pour les représentants de 43 villages de la région aragonaise de Cuencas Mineras de revendiquer leur particularité et leur refus de ce monde déshumanisé qui gagne du terrain depuis tant d'années sur leurs terres. « *Aujourd'hui, les gens qui vivent dans les zones rurales y vivent parce qu'ils le veulent,* raconte d'ailleurs le maire de la commune de San Agustín (119 habitants), Daniel Riera Bau. *Ils ont un lien fort avec le territoire, ses habitants, la nature et le patrimoine, et font le choix conscient de ne pas céder à ce que les zones urbaines peuvent offrir. Les aspects positifs des zones rurales sont*

1. Martin Feltin-Palas – Jacques Lévy : « Nos communes sont des fossiles », [en ligne], lexpress.fr, août 2013.

la qualité de vie, le contact avec la nature, les liens sociaux forts, et une incroyable variété de patrimoines culturel, historique, gastronomique, architectural, naturel et industriel. » Plus que du folklore, une identité qu'il faut préserver.

Une identité qui s'étiole chaque jour. Ce n'est qu'en développant cette identité, cette façon d'être à part, que les campagnes pourront aller de l'avant et, pourquoi pas, prendre l'ascendant sur la ville. En se différenciant clairement, en proposant une alternative à ce monde que beaucoup rejettent. En ce sens, le mouvement des Gilets jaunes pourrait constituer un déclic. Un déclic qui a le potentiel de lancer un mouvement que certains voudraient interpréter comme un repli sur soi – certainement pour mieux le disqualifier et l'affaiblir – alors qu'il n'est là question que d'un sursaut nécessaire. Mark Bailoni, géographe, maître de conférences à l'université de Lorraine et membre du Loterr (Laboratoire d'observation des territoires), a une petite idée des clés qui pourraient favoriser cet élan. Dans la *Revue géographique de l'Est*, en 2012, il écrit que si « *certains phénomènes (pratiques agricoles, rurbanisation et constructions de lotissements, etc.) tendent à uniformiser* » les paysages comme la façon de vivre de ces territoires, au contraire, « *la préservation, la célébration, voire la réinvention, du patrimoine, de la culture et des traditions locales* » peuvent constituer « *des enjeux forts et de véritables projets de territoire* ».

D'autant que, comme le pense le politologue Jean-Christophe Gallien[2], la revanche de la ruralité, obtenue par cette envie naissante de « *reprendre le contrôle de son destin*

2. Jean-Christophe Gallien – « Le monde rural a pris sa revanche ! », [en ligne], lefigaro.fr.

propre mais aussi celui de l'ensemble collectif » en quittant « *les rues du chacun pour soi et rejoindre les espaces où la solidarité règne* », peut permettre « *de reconstruire une France conquérante* » et, à terme, vertueuse : « *La nouvelle ruralité est une des rares vraies chances de croissance pour notre pays dans les prochaines années. Elle doit devenir une ambition nationale prioritaire pour encore faire croître les chances de réussites des ruraux et répondre davantage aux envies d'une partie de la population urbaine en quête d'un nouveau cadre de vie.* »

En France, ce débat a longtemps été interdit. Et aujourd'hui, il est encore piégeux. En effet, beaucoup voient dans ce parti pris un penchant réactionnaire et autoritaire. À gauche, on tente de discréditer les partisans de ce virage en créant des liens avec les pires heures de l'Histoire. On répète à l'envi qu'en Allemagne, le mouvement Völkisch, apparu à la fin du XIXe siècle et au début du XXe siècle, était porté par ce même retour à la « *nature authentique* ». Qu'en France, Vichy mettait en relation l'urbanisation et la « *détérioration de la race* ». Et puis à droite, les plus libéraux renverront ces mêmes personnages aux années 1920, quand les architectes de la naissante URSS prônaient la désurbanisation par une architecture étalée et, *in fine*, plus égalitaire. Pourtant, aujourd'hui, le retour au village, à ses rapports de proximité comme à ses valeurs plus saines, est largement plébiscité par la population, rejoignant sans vraiment le vouloir la pensée de Georg Simmel, sociologue allemand de la fin du XIXe siècle et du début du XXe siècle, pour qui la ville, centre de la vie économique des sociétés modernes, est aussi le lieu où « *l'individualisme rationnel* » est roi.

Face à ce constat, qu'apporte vraiment la vie de village ? Pour répondre à cette question, Marie Huyghe[3], aujourd'hui ingénieure et docteure en aménagement du territoire au laboratoire de recherche CNRS-Citeres de Tours, a mené soixante-quinze entretiens avec des membres de ménages ruraux vivant dans trois intercommunalités d'Indre-et-Loire. D'après les résultats qu'elle propose à la lecture en mai 2016, surgit le fait que « *les territoires ruraux sont pratiqués, vécus, investis* » par les habitants, et que ce sont des territoires où l'on ne fait pas que se loger, mais où on travaille et on vit ensemble et qu'en parallèle, ces habitants « *font* » le territoire en s'y impliquant, en y développant notamment des associations, en y créant des réseaux sociaux – non pas au sens numérique du terme – qui sont « *facteurs de cohésion sociale* ». C'est cette façon-là d'appréhender autrement son quotidien et l'autre qui séduit tant les personnes désireuses de changer d'air. D'où l'urgence, pour le rural, de préserver ces particularités plutôt que de céder définitivement à l'urbanisation rampante. Et de faire que ce trait subsiste, en poussant également les néoruraux à le reprendre plutôt que de se tourner, d'instinct, vers la ville, même en vivant dans les campagnes.

Faire le choix de la campagne, c'est aussi faire celui d'une vie tournée vers l'environnement. De faire de sa vie un modèle de bien vivre, propre et responsable. Cela bon nombre de municipalités l'ont compris, comme celle de Faux-la-Montagne (364 habitants), dans la Creuse.

3. Marie Huyghe – « Le rural vu par le prisme des pratiques habitantes », Laboratoire Dynamiques rurales de l'université Jean-Jaurès de Toulouse, 2016.

À l'initiative de sa maire, Catherine Moulin, elle a fait du respect de l'environnement l'une de ses priorités pour en faire un atout attractif. Parmi les mesures prises, on trouve : l'approvisionnement de la cantine scolaire par des producteurs locaux, la construction d'un écoquartier, la mise à disposition d'aides et de conseils à la conception d'un habitat respectueux de l'environnement. Et, par ailleurs, la commune chauffe au bois 2 000 m^2 de surfaces comprenant la mairie, l'école, la salle des fêtes, la maison médicale et quelques logements. Une politique menée à la demande des administrés actuels, qui ont fait émerger ce sujet à l'occasion d'assemblées d'habitants, mais qui a aussi pour objectif d'attirer de nouveaux venus, des urbains en quête d'un toit dans l'air du temps. Comme elle, elles sont nombreuses ces communes rurales à se positionner ainsi sur cet enjeu majeur. Par conviction, bien sûr, mais aussi en espérant un retour sur investissement par l'installation de nouvelles familles. Citons par exemple Tramayes (Saône-et-Loire, 1 045 habitants), qui est devenue la première commune de plus de 1 000 habitants à n'utiliser que de l'énergie renouvelable en France, dix-neuf ans après l'ouverture de la chaufferie communale par celui qui est toujours le maire du village aujourd'hui, Michel Maya. Le combat des villages se mène aussi ainsi, en développant des atouts qui pourront faire la différence face à l'offre de villes qui se disent de plus en plus vertes bien qu'elles soient toujours aussi bétonnées. D'autant que ces initiatives peuvent être porteuses d'emplois, comme à Ungersheim, village alsacien de 2 400 habitants, où, depuis 2011, 150 emplois ont été créés grâce à la transition écologique, notamment grâce à l'installation de la plus grande centrale solaire d'Alsace.

Village pionnier, la commune se décrit volontiers comme « *en transition* ». Un statut qu'elle définit simplement : il s'agit de « *préparer nos citoyens à la raréfaction des ressources fossiles essentiellement le pétrole dont les coûts vont impacter considérablement les budgets, mais aussi à s'adapter par anticipation aux dérèglements climatiques en créant des modes de vie plus reliés et plus enrichissants* ». Pour cela, la commune développe un certain nombre d'actions. Pour son indépendance énergétique, nous venons de le voir, mais aussi pour son autonomie alimentaire par la création d'une « *filière agro-alimentaire dénommée "de la graine à l'assiette"* ». Concrètement, dans ce but, une exploitation maraîchère de 8 hectares a été installée à l'initiative de la mairie. Elle emploie actuellement une trentaine de personnes et produit 300 paniers hebdomadaires pour approvisionner la restauration scolaire « *100 % bio tous les jours de la semaine, goûter inclus, depuis 2009* », selon la municipalité. D'autre part, une légumerie (atelier où sont transformés et préparés des légumes bruts), une conserverie, une malterie-brasserie (lieu de production du malt à partir de céréales) et une épicerie ont également été lancées. Le seul point de chute vert, c'est le village. Peut-être est-ce sur ces points que les villages pourront enfin contester la domination des villes. En répondant au mieux aux nouvelles envies des Français, urbains comme ruraux, pour beaucoup aux antipodes de la dictature de la vitesse et de cette pression sans limites sur leur personne comme sur l'environnement, et de cette solitude, écrasante, d'individus qui n'existent que pour eux-mêmes. Le choix du collectif est ici.

Conclusion
L'espoir

Il y a comme un souffle qui traverse les campagnes et ses contrées. Ces villages qui, de longues années durant, n'ont eu pour eux que la pitié de politiques impuissants et la douceur terne de quelques mots, prononcés par des observateurs nostalgiques d'une France qu'ils fantasmaient trop souvent. Longtemps, la ruralité fut un malade que l'on veille. Comme à n'importe quel infirme à bout de souffle, on lui a longtemps promis, irrationnellement, que « *ma chérie, ça ira* ». Il n'y a qu'à fermer les yeux, serrer les dents, tenir cette main suspendue face à soi, et puis tu tiendras, c'est promis. C'est faux, bien sûr, mais le dernier virage est là. Et il faut l'épargner. C'est oublier que c'est une dure, cette France-là !

Son repos s'est prolongé, longtemps, mais jamais son souffle ne s'est coupé. C'est qu'elle a une force particulière, et une âme, bien qu'on la dise dépassée. Triste preuve, on l'a, ces derniers temps, trop traitée et visitée comme un musée. À gauche son clocher, à droite ses vieux commerces. Et puis là, ses derniers habitants, luttant contre les éléments dans cette dignité qui les caractérise. Il y a un charme, celui du folklore et de la légende en déclin, c'est charmant comme une photo sépia. Comment envisager un avenir lumineux dans une grotte remplie de reliques ? Ce n'est pas sérieux.

Cette ruralité, je la connais. Pas plus qu'un autre, mais j'en viens. C'est celle de mes parents, de Corneilla-la-Rivière à Millas, dans les Pyrénées-Orientales, et de mes grands-parents, à Corbère-les-Cabanes et ses alentours, dans ce même département. C'est à la fois la douceur de vivre et la violence de l'oubli. L'odeur de la terre, ces mains serrées à la boulangerie du coin, les détonations des chasseurs au loin au petit matin, ces familles qui se connaissent sur plusieurs générations et qui content leurs histoires, personnelles et celles des voisins, comme s'il s'agissait de la grande. C'est ce commerce, véritable guerre, entre minuscules et plus imposants paysans, qui sera de toute façon remportée par les grandes surfaces, avant d'entamer une paix arrosée. Et puis ces « r » roulés, marqueurs d'identité, ces regards de travers et, finalement, la normalité. Et cette richesse : ses produits, ses initiatives, cette vitalité, cette émulation, ce vivre-ensemble parfois cabossé mais toujours debout, et cette conscience d'exister dans, et pour, un cadre donné. Celui du village, véritable communauté, à l'écart d'un monde vaste qui les ignore ou qui les traite comme les représentants d'une féodalité passée. La France des villes que l'on visite parfois comme des étrangers.

Alors qu'on la croyait morte, cette France n'a jamais arrêté de poursuivre son chemin. En se réinventant, en innovant, par ses forces propres comme celles de ses pièces rapportées. Ces citadins qui peuvent être des joyaux comme des tombeaux, selon leurs intentions. Et puis il y a eu ce mouvement des Gilets jaunes, si proche puis si lointain, des ronds-points du canton jusqu'aux émeutes saccageant les avenues des grandes villes, que l'on a observés comme s'il s'agissait de cousins lointains, portant comme un drapeau leur fierté de ne pas être à terre malgré les coups bas des gouvernants tournés davantage vers le monde que vers leurs semblables.

Il y a, dans ce sursaut, que ce soit ce mouvement de révolte comme ces villages qui continuent de vivre malgré tout, comme un air d'émancipation. Comment ne pas penser à ces villages espagnols, dans les années 1930, qui se sont pris à rêver de réinventer un monde à eux face au chaos de la guerre civile. Chez eux et pour eux. Des villages si bien décrits par Lydie Salvayre, dans son roman *Pas pleurer* (2014, Le Seuil), au travers des yeux de José, son oncle, qu'elle présente comme un « *rouge et noir* », émerveillé de cette découverte : « *Cette année-là, lorsqu'il arrive à Lérima [...], il trouve une ville qui a chaviré jusqu'au vertige, morale culbutée, terres mises en commun, églises transformées en coopératives, cafés bruissant de slogans, et sur tous les visages une allégresse, une ferveur, un enthousiasme qu'il n'oubliera jamais. Il découvre alors des mots si neufs et si audacieux qu'ils transportent son âme de jeune homme. Des mots immenses, des mots ronflants, des mots brûlants, des mots sublimes, les mots d'un monde qui commence : révolution, liberté, fraternité, communautés, ces mots qui, accentués en espagnol sur la dernière syllabe, vous envoient immédiatement leur poing dans la figure.* » Bien sûr, aujourd'hui, il ne s'agit pas du même temps, ni des mêmes instigateurs. Les ruraux ne sont évidemment pas, dans leur ensemble, des anarchistes initiant une révolution libertaire. Et il n'est encore moins question de guerre. Mais il est une chose de commun entre ces deux situations : l'abandon, et le vide qu'il a produit, a fait naître dans ces têtes une imagination hors norme pour obtenir un lendemain fleuri par sa propre inventivité et ses propres richesses.

Il s'agit d'un sursaut à la française d'un nouveau genre. Pas un réveil spectaculaire, où les poings se lèvent, où des chants guerriers sont entonnés, où on hurle pour demander la mort de tel ou tel coupable. Au contraire, c'est un soulèvement positif, dont le seul but est de prolonger sa durée de vie au-delà des pronostics citadins, de faire de sa fierté un outil pour créer un monde meilleur, un lieu à part, une sorte de sanctuaire perméable aux turpitudes du monde moderne, pour les siens et qui profitera à la société tout entière. Utopie, diront certains, alors qu'il ne s'agit que d'un mouvement d'instinct. Pour refuser la mort dont on a senti l'odeur si près.

Ce qui est étonnant, et on en revient au parallèle avec l'anarchisme, c'est que cette situation, cette désolation subie, a poussé les habitants de ces zones rurales à épouser les modes d'organisation de cette voie politique dont, pourtant, tout les éloigne. C'est par exemple le cas lorsque l'on observe des « *groupes d'affinités* » se former. Bien sûr, ces initiatives ne sont pas formulées dans les termes qui sont ceux de la théorie anarchiste. Mais, concrètement, c'est ce qu'il se passe. Par groupes d'affinités, comprendre : un collectif, plus ou moins officiel, qui partage une même sensibilité et les mêmes priorités et dont le fonctionnement est égalitaire, participatif et consensuel. Dans les villages, ils réunissent villageois, élus, commerçants… Toutes les bonnes volontés.

Ces groupes sont apparus pour la première fois en Espagne, on y revient, au sein du mouvement anarchiste local, dans les années 1870 avant de réapparaître dans les années 1930, comme vu précédemment. Nommés à l'époque « *cercles* » ou « *clubs* », ces ensembles se réunissaient dans des cafés ou chez l'habitant pour débattre, façonner certaines idées, diffuser l'information nationale ou préparer des actions. Ils n'ont duré qu'un temps et n'ont laissé que peu d'œuvres majeures à la postérité. Mais reste une pensée, traduite principalement par Sébastien Faure, auteur de l'*Encyclopédie anarchiste* (quatre volumes parus entre 1925 et 1934), pour qui ce principe est « *le plus solide* » parce que le plus « *capable de résister aux tiraillements, aux querelles, et à la dislocation* ». Et que semblent faire revivre, malgré eux, bon nombre de ruraux, fatigués de subir l'abandon.

Parler d'abandon est bien le minimum. Dans le temps, on ne peut que constater, notamment, cette « dédensification » des services publics, particulièrement marquée dans les espaces de faible densité, ces trente dernières années. Dont les derniers coups ont été portés récemment par les différentes politiques de « *rationalisation* » des services publics (Révision générale des politiques publiques [RGPP] sous la présidence Nicolas Sarkozy, puis Modernisation de l'action publique [MAP] sous celle de François Hollande). Sous Emmanuel Macron, même logique : fermetures de classes dans l'indifférence générale, suppressions de lignes de chemin de fer, poursuite de la numérisation des démarches… Et, dans le même temps, aucune réaction face à la désertification médicale qui touche particulièrement les zones rurales. Autre problème : certaines aides européennes destinées au secteur agricole de ces territoires ont été remises en question par la récente mise en place d'une nouvelle carte des « zones défavorisées simples » (ZDS). Depuis quarante ans, les territoires classés ainsi touchaient des aides européennes de l'ICHN (Indemnité compensatoire des handicaps naturels). Mais un nouveau règlement européen imposant aux États membres de ne pas dépasser le plafond de 10 % au maximum de sa surface classée en ZDS a fait perdre ces aides aux exploitations de 1 293 communes françaises en 2019. L'ICHN pesant entre 5 000 et 15 000 euros pour une exploitation en fonction de sa taille, c'est une immense perte, surtout quand l'on connaît la fragilité des exploitations et leur forte dépendance aux aides. Là aussi, ces territoires ont réagi. Par des recours, portés conjointement par des éleveurs, des élus et des syndicats, mais aussi en imaginant des processus de compensation, comme en demandant l'élargissement de zones éligibles à d'autres mesures agro-environnementales européennes pour pallier ces pertes. Ou bien en développant des fusions d'activités entre exploitations, coordonnées bien souvent par les municipalités, pour sauver ce qui peut l'être par l'entraide et la solidarité. Les résultats ne sont pas encore là, mais on travaille, on avance, en usant de nos propres petits moyens, comme toujours ou presque.

Qu'avons-nous fait de nos grands principes, des bases posées puis piétinées à travers le temps ? De l'enracinement et de la reconnaissance des élus locaux, de l'école comme point d'ancrage républicain dans tous les villages, du modèle du train comme lien national, de notre indépendance alimentaire, de notre identité ? Cette question, on se la pose, toujours, dans les villages traversés. Que leur répondre ? Que leur rétorquer, aussi, quand ils nous adressent cette question : qu'attendons-nous pour entamer l'ère de la refondation à partir de nos campagnes ? En protégeant puis en développant notre agriculture, pour créer des revenus, des emplois, et réaffirmer l'excellence de nos produits, premiers ambassadeurs tricolores à l'étranger. En misant sur l'écologie, pour favoriser l'autonomie énergétique locale et créer autant d'emplois verts. En réimplantant des écoles, même peu fréquentées dans un premier temps, pour éviter que ces territoires et leur nouvelle population ne s'éloignent de la République et de notre destin commun. Mais aussi en pariant sur son immense potentiel touristique. Ces requêtes sont là, jetées, sans qu'il existe vraiment d'espoir de réponse. L'oubli, encore l'oubli, nous dit-on. Un oubli caractérisé qui s'est largement manifesté lors de la crise du Covid. Dans un billet paru dans le journal *L'Opinion* en novembre 2020, l'auteur et rédacteur en chef du journal *L'Agri*, Jean-Paul Pelras[1], l'illustre mieux que quiconque : « *Personne, absolument personne ne se demande s'ils risquent de mourir parce que le médecin ne peut pas monter, parce que la route s'est à nouveau éboulée, parce que le téléphone est encore coupé, parce que cet hiver le voisin ne montera pas ouvrir le chalet, parce qu'il n'existe aucun test pour mesurer l'impact de l'indifférence sur la vacuité, parce que cette année ils n'ont pas pu se faire vacciner. Parce que, du côté de Lutèce, à trop barboter dans l'abstrait, les cardinaux de service, encore une fois, les auront oubliés.* »

Malgré cet oubli, la force des campagnes demeure. Comme si cette contrainte de devoir en permanence jouer contre les éléments n'en était finalement plus une. Disons plutôt que c'est presque devenu une habitude, bien que vilaine, avec laquelle il faut composer. D'où ces indicateurs, moins mauvais qu'ils pourraient l'être (démographiques

1. Jean-Paul Pelras – « Ruralité : qui, du virus ou de l'oubli, sera le plus meurtrier ? » [en ligne] lopinion.fr, novembre 2020.

comme économiques). Et ces urbains, nombreux, qui, malgré la mauvaise publicité dont pâtissent les territoires ruraux, ont cette envie plus forte que tout de rejoindre cette aventure rurale et ses territoires, front discret de l'innovation. Les plus « *modernes* », comme le décrit le plus grand des ambassadeurs de la cause, le photographe et fils de paysans, Raymond Depardon. « *Ils sont en avance sur nous, dans l'écologie, dans la façon de vivre. Ils ne gaspillent pas les choses*, observe-t-il à l'occasion de la présentation de *Rural*, son dernier livre, recueil de photographies de la France paysanne. *Ils sont des sages, des philosophes, des héros, en avance sur l'indispensable décroissance à venir.* » L'avenir. Loin des étiquettes caricaturales qu'on lui pose parfois sur le front : France pétainiste, fermée, hostile, arriérée. Elle est tout le contraire. Ouverte, créatrice, pleine d'idées et d'envies, malgré le dégoût qui gagne parfois ses foyers et que l'on retrouve dans les urnes.

Pourtant, certains prévoyaient « *la fin du village* », comme c'est le cas de Jean-Pierre Le Goff, sociologue, dans un ouvrage dont le titre reprend cette prophétie (Gallimard, 2012). Il écrit, en se fondant sur deux affiches électorales de François Mitterrand, celles de l'élection présidentielle de 1965 puis 1981, où le socialiste pose, dans la première, dans un champ à côté d'une ligne à haute tension puis, dans la seconde, avec en arrière-plan un village typique, que cette combinaison reflète « *la persistance d'un imaginaire rural et villageois dans une France qui n'avait cessé de se moderniser* ». Il poursuit, en se penchant sur l'affiche de 1981, qu'elle « *s'adressait à des électeurs pour qui la modernité n'allait plus nécessairement de soi, après mai 1968 et la fin des Trente Glorieuses* ». Bref, « *elle rassurait en mettant en avant les vertus de sagesse et de modération liées à une image rurale du pays* ». Si l'on associe aux villages et à leur existence ces qualificatifs, alors oui, ils sont finis. Mais aujourd'hui, nous sommes forcés de constater que la ruralité fait de plus en plus le choix de la désobéissance pour creuser son propre sillon, entre recettes d'antan et expérimentation avant-gardiste. Et avec un certain nombre de résultats et d'espoirs. Parce que si les villages constituent un rempart face à certains défauts de notre époque, ils ne refusent pas la modernité. Ils créent la leur, à petite échelle, la seule dans laquelle l'individu ne perd pas pied. J'ai le souvenir de quelques mots, lancés par Marie-Ange, 79 ans, un après-midi d'août 2020 à Tourrettes-sur-Loup, à une trentaine de kilomètres de Nice. Ce village de 4 000 habitants, c'est celui de la violette, cette fleur qui a fait la grandeur de la commune et sa renommée. Encore aujourd'hui, elle reste sa fierté, même si on parle d'elle plus au passé qu'au futur. La preuve, on vient de lui dédier un petit musée alors qu'il n'existe sur ses terres plus que trois producteurs contre quarante au XIXe siècle… Ce qui n'empêche pas de garder espoir en l'avenir, Marie-Ange le promet, entre deux vagues de spleen : « *J'ai longtemps cru qu'on mourait loin de tout, oubliés. Les politiques, quand vient l'élection, ils aiment bien parler de nous pour dire aux gens que la France profonde existe toujours et que tout n'est pas perdu, ça doit être une sorte de repère qui fait du bien aux gens qui ont déjà connu autre chose que la ville, mais c'est jamais suivi d'actions. Alors, je me suis beaucoup dit qu'on finirait par disparaître, envahis par la brousse sans que personne ne s'en aperçoive vraiment.* » Elle lâche un grand rire qui déride un peu son visage si dur. Ses mains, elle les secoue dans tous les sens tout le temps de ce monologue, parfois un doigt montre l'horizon sans vraiment savoir ce qu'il est censé montrer. Jusqu'à ce que tous ses doigts se posent à plat le long de son tablier bleu ciel délavé, entre deux trous rapiécés. « *Nos gouvernements, ils ne savent que parler de la terre entière, du grand monde, ils aiment se projeter toujours plus loin. C'est la grandeur, la puissance... Ça doit être pour nous impressionner, je ne sais pas trop. Tout ce que je sais, c'est que ça m'éloigne d'eux, ils me fatiguent. Et pas seulement moi, je le vois autour de moi.* » Elle se calme, redescend, puis rit à nouveau : « *Tant pis, nous on existe entre nous.* » Après le long coma, les villages se réveillent doucement. Dans leur ventre, il y a cet espoir qui attend et qui brûle. En face, comme un mirage, cet âge d'or qui, beaucoup en sont certains, viendra. On l'imagine grandiose, majestueux, sublime. Comme chanté par Ferré : « *Nous aurons du pain, doré comme les filles sous les soleils d'or, nous aurons du vin, de celui qui pétille, même quand il dort*[2]. » Une renaissance, ça a forcément un goût de fête, comme celles du temps d'avant. Et s'il était dans cet espoir, notre salut ?

2. Léo Ferré – *L'Âge d'or*, 1966.

Table

Introduction
La faim 13
Un spectacle de désolation 17
De la naissance de la « France périphérique » 27
Le réveil jaune 37
Une démocratie locale secouée 47
Le temps de l'autogestion ? 57
Un fort potentiel économique 67
Mobilisation générale 77
Ranimer un lien social fragilisé 91
Réseaux sociaux, nouvelles places de villages 101
Une jeunesse en mouvement 115
Du dépeuplement au repeuplement 129
Vers la remise en question de la suprématie des villes ? ... 143

Conclusion
L'espoir 153

Remerciements 165

Remerciements

Merci aux formidables bâtisseurs de cet espoir, petits parmi les grands, qui m'ont accordé leur temps, leur confiance, confié leurs désillusions comme leur foi, avec cette force que l'on ne retrouve nulle part ailleurs.

Je tiens également à remercier Arnaud Le Guern, pour cette formidable opportunité, et Julie Daniel, pour toutes ces heures passées à accompagner ce projet. Sébastien, pour les relectures, les sourires, ces heures à s'insurger puis à construire, et d'avoir toujours été là. Kilian, pour le soutien, les encouragements, et notre engagement partagé. Alexandra, pour le repère et ces séances de thérapie à comparer nos minuscules avancées. Vladimir, pour le modèle de toujours et sa bienveillance précieuse. Delphine et Thomas, grâce à qui tout a commencé et qui m'ont tant appris, comme toute la joyeuse bande de *Marianne*.

Surtout, un merci tout particulier à Marion, sans qui rien n'aurait été et ne serait possible, avec ou sans minutieuse planification.

Achevé d'imprimer par
Nouvelle Imprimerie Laballery,
en janvier 2021
N° d'imprimeur : 101256

Dépôt légal : mars 2021

Imprimé en France